Die Macht des Stoizismus

Wie Sie mit Hilfe der antiken Philosophie und der Lehre der Stoa zum eisernen Stoiker werden und enorme Selbstdisziplin, Resilienz und eine glasklare Denkweise entwickeln

INHALT

Vorwort

Der stoische Blick, ein stoischer Habitus, das sind wohl alles Begriffe, die jeder Mensch auf dieser Welt schon einmal gehört hat, doch was sie wirklich bedeuten, wissen nur wenige. Klar ist, dass der Begriff „stoisch" irgendetwas mit einer gewissen Ruhe zu tun haben muss. Doch dahinter steckt noch weitaus mehr.

Betrachten Sie Menschen, welche in Ihren Augen stoisch wirken, könnten Sie auf die Idee kommen, dass diese einfach abwesend sind oder keine Teilhabe am Leben kennen. Darüber hinaus könnte man denken, dass solche Menschen einfach so sind, weil sie eben genauso sind. Ein stoischer Mensch ist aus Sicht vieler Menschen einfach eine Person, die so geboren ist und eben diesen Charakterzug hat.

Sind Sie ein eher gestresster Mensch oder einfach in manchen Situationen etwas impulsiver, so wird Ihnen ein stoischer Mensch gerade wunderlich vorkommen und Sie werden sich denken: „Warum kann nicht ich genau diesen Charakterzug besitzen?". Ist dies der Fall, so gehören auch Sie – wie übrigens die allermeisten – zu den Menschen, die ein solches Verhalten als angeboren betrachten und noch keine Erfahrung oder Kenntnis darüber hatten, dass Stoa und damit der Stoizismus eine Lebensphilosophie ist, welche man sich aneignen kann.

Darüber hinaus bedeutet Stoizismus nicht nur, ein hohes Maß an Ruhe auszustrahlen, sondern vielmehr auch, Stärke und Selbstvertrauen an den Tag zu legen. Sind Sie auf Ihrer Arbeit oder auch in Ihrem Privatleben, ja, einfach Ihr ganzes Leben, eher in zweiter Reihe gestanden, haben sich immer zurückgenommen, weil Sie vielleicht nicht den Mut hatten, etwas auszusprechen, und waren Sie in der Folge einfach unzufrieden mit sich selbst, dann kann die Philosophie des Stoizismus auch hier helfen. Um ein Stoiker oder eine Stoikerin zu werden, benötigen Sie nichts weiter als die Informationen darüber, welche Sie natürlich in diesem Buch finden, und Sie werden nicht nur ein selbstbewussterer Mensch, sondern auch ein glücklicherer und stärkerer. Und das nur durch ein paar Dinge, welche Sie in Ihrem Alltag, ob im Beruf oder im Privaten, beachten müssen.

Wir wollen Ihnen dabei helfen, die wichtigsten Dinge zu erkennen und umzusetzen. Dazu gehört natürlich etwas Hintergrundwissen bezüglich des Stoizismus. So erfahren Sie beispielsweise, woher die klugen Gedanken kommen, welche hellen Köpfe sich damit befasst haben und welche Theorien es im Allgemeinen dazu gibt.

Natürlich haben Sie dieses Buch nicht begonnen, zu lesen, um theoretische Merkmale und Ansätze zu erfahren, sondern Sie wollen aktiv und tatsächlich gelassener und glücklicher in den Tag starten. Deshalb geht dieses Buch über die Theorien hinaus und klärt Sie auch über alles andere des Stoizismus auf. Hierzu gehören auch Zusammenhänge mit anderen Denkweisen oder Religionen, aber natürlich auch das wahrscheinlich Wichtigste: Wie können Sie zum Stoiker werden? Dafür stehen Ihnen einige Anwendungsmöglichkeiten zur Verfügung, welche Sie sich für Ihren Alltag abschauen und merken können. Mit dem Lesen und Ausprobieren ist es jedoch meist noch nicht getan und so versorgen wir Sie in diesem Buch auch noch mit praktischen Übungen, welche Sie morgens, abends und einfach zwischendrin durchführen können und so auf eine gelassene Ebene emporsteigen.

Alles, was Sie wollen, ist, weniger Stress im Alltag zu haben und die Dinge, die Ihnen widerfahren, akzeptieren zu können und sich nicht darüber aufzuregen. Nehmen Sie sich ernst und befolgen Sie unsere Ratschläge, dann wird Ihnen das auf kurz oder lang gelingen. Denn nicht nur Ruhe ist entscheidend für Ihre Gesundheit und Ihr Leben, sondern auch Selbstachtung, Selbstvertrauen und Stärke. Darüber hinaus können Sie sich mit diesem Buch auch in weiteren Eigenschaften und Fähigkeiten, wie beispielsweise Selbsteinschätzung, Selbstbeherrschung oder innerer Ruhe, üben. Strahlen Sie diese Eigenschaften aus, so werden andere Menschen Sie bestaunen und sich die Zähne an Ihnen ausbeißen – je nach Situation. Sie katapultieren sich damit in eine positive Ausgangslage, für Ihr Umfeld und – das Wichtigste – für Sie selbst.

Wagen Sie den Schritt, seien Sie offen für neue Wege und Gedanken in Ihrem Leben. Auch wenn es anfänglich überwindend oder herausfordernd erscheinen mag, der Stoizismus ist die Philosophie Ihres Lebens, mit der es Ihnen besser gehen wird und mit der Sie vor allem ein glücklicheres Dasein erleben können. Werden Sie also zum Stoiker, wir helfen Ihnen dabei!

Allgemeines zum Stoizismus

Wenn Sie sich bisher selten mit Philosophien auseinandergesetzt haben, so werden Sie möglicherweise anfänglich einige wenige Verständnisschwierigkeiten haben, um allen Gedankengängen folgen zu können. Da dies jedoch elementar wichtig ist, stehen wir Ihnen natürlich zur Seite und geben Ihnen in diesem Kapitel zunächst die wichtigsten Begriffe an die Hand. Darüber hinaus werden Sie eine kleine Einführung in die Philosophie der Stoa erhalten und Dinge erfahren, welche charakteristisch für diese Art der Philosophie sind. Wie im Vorwort bereits erwähnt, funktioniert Praxis selten ohne Theorie und deshalb werden Sie zu Beginn auch einige Merkmale von Theorien des Stoizismus erfahren.

Wichtig ist hierbei, dass es bei all dem noch nicht um die Praxis oder um Übungen geht. Um Ihren neuen Lebensstil allerdings von Grund auf leben und vor allem verstehen zu können, ist dieses Kapitel unerlässlich. Versuchen Sie also wirklich, die Grundzüge der Philosophie des Stoizismus zu verstehen, und Sie werden erfolgreich sein.

ELEMENTARE BEGRIFFE

Die elementaren Begriffe des Stoizismus übertragen sich aus der Philosophie der Stoa, welche im Prinzip der Altertümliche Stoizismus war. Die Philosophie der Stoa entwickelte sich bereits im antiken Griechenland um 300 v. Chr. und hatte die gleichen Merkmale wie der Stoizismus heute, nur dass heute natürlich ganz andere Einflüsse auf den Menschen hereinprasseln. Dennoch können Sie der Stoa sehr viel entnehmen. Sie ist praktisch die Lehre und der Stoizismus ist die Lebensweise und da bereits erwähnt wurde, dass es zunächst theoretisch wird, kommen wir nun zur Lehre und ihren Begriffen.

Meeresstille der Seele

Die Meeresstille der Seele wird auch oft als Seelenruhe beschrieben. Dieser Begriff zeigt viele Facetten und kann sozusagen als Leitbegriff für eine Vielzahl an Gemütszuständen benutzt werden. So ist mit der Meeresstille der Seele oder eben der Seelenruhe oft auch die Gelassenheit oder auch eine Lebenssattheit gemeint. Lebenssattheit bedeutet jedoch nicht, dass man mit dem Leben abgeschlossen hat, sondern sie symbolisiert eher eine Erfülltheit und Glück.

Mit der Seelenruhe ist weiter gemeint, dass eine Bewegung nicht immer auch zu einem Ziel führen muss. So vermittelt der Stoizismus hierbei eine Art der Zurückhaltung und strebt nicht nach Dingen. Vielmehr könnte man sagen, dass der Stoiker auf Dinge verzichtet, um den Pfad des Glücks zu finden. Natürlich kommt es dabei immer darauf an, inwieweit es Ihnen möglich ist, auf Dinge zu verzichten, und so wird es mit Sicherheit kein Pfad zum Glück sein, wenn Sie auf lebenswichtige Dinge, wie beispielsweise Nahrung oder Ähnliches, verzichten. Dennoch spricht man im Stoizismus von einer Art Zurückhaltung, um dem Sich-Sorgen-machen zu entkommen. Jeder Aufwand, den man für objektiv betrachtet, unnütze Dinge im Leben betreibt, wird durch Sorgen begleitet und kann deshalb umgangen werden. Werden Sie also frei von solchen Sorgen und Bemühungen, die Ihr Leben nicht bereichern, so lassen Sie in sich eine gewisse Unerschütterlichkeit entstehen, welche in der Philosophie der Stoa als Meeresstille der Seele bezeichnet wird.

Logos

Da die Stoa der griechischen Antike entspringt, sind auch viele Begriffe dieser Lehre griechischer Herkunft, so auch der Begriff „Logos". Logos bedeutet Wort oder auch Rede, im Zusammenhang mit dem Stoizismus jedoch bedeutet er eher „Sinn“ und stellt hier das geistige Vermögen eines Menschen dar. Durch dieses geistige Vermögen bildet sich die Vernunft, welche für die Stoa ein elementarer Begriff ist. Logos stellt hier praktisch eine Gesetzmäßigkeit dar, welche die ganze Welt durchdringt und überall regiert. Die natürliche Welt handelt also nach der Vernunft.

Dieses Prinzip bedeutet, dass die Welt so angeordnet ist, dass alles nach einem bestimmten Sinn handelt – eben der Vernunft – und überall auf der Welt die gleichen Gesetzmäßigkeiten gelten. Dies bezieht sich natürlich nur auf die Welt im Sinne der Natur und nicht auf die Verhaltensweisen von Menschen oder Tieren. Die Natur folgt auf der ganzen Welt einem Prinzip, dem Prinzip der Vernunft. Dieses Prinzip der Vernunft ist quasi ein ruhender Ursprung, aus dem alle anderen Tätigkeiten hervorgehen. Logos begründet also die Kausalität, also die Beziehung zwischen Ursache und Wirkung, und zusätzlich begründet Logos eine Art Tun-Ergehen-Zusammenhang. Wer also nach dieser Vernunft handelt, dem wird es gut ergehen. Logos nimmt in der Philosophie der Stoa also eine gottähnliche Position ein.

Vernunft

Zwar wird Logos auch oft mit Vernunft beschrieben, um die beiden Begrifflichkeiten jedoch zu trennen, werden auch unterschiedliche Begriffe benutzt. Vernunft wird in unserer Gesellschaft häufig verwendet und löst bei jedem Menschen eine Sinnhaftigkeit aus. Was Vernunft jedoch genau ist, beschreibt jede Person für sich selbst und so ist es für die eine Person vernünftig, sich beispielsweise einer Standardimpfung zu unterziehen, und für die andere birgt das jedoch Gefahren und deshalb sieht sie dies nicht als vernünftig an. Sie sehen also, Vernunft ist nicht gleich immer Vernunft.

Dennoch bezeichnet Vernunft ein menschliches Vermögen im Geiste, um zu einer Erkenntnis zu gelangen. Dieses Vermögen, zur Erkenntnis zu gelangen, geschieht durch Denken. Dabei bedeutet Vernunft nicht Verstand, denn der Verstand ist nur ein Mittel der Vernunft. So erfasst der Verstand Sachverhalte, welche ihm durch Erfahrungen oder Beobachtungen zugänglich gemacht werden und erst infolgedessen verleiht er der Vernunft die Fähigkeit, Zusammenhänge durch Schlussfolgerungen zu schließen. Daraus folgt, dass die Vernunft erst mit dem Verstand ihre Bedeutung erkennt und Prinzipien formuliert. Hierbei benutzt man auch immer wieder den Begriff der praktischen Vernunft, welche es ebenfalls ermöglicht, den eigenen Willen zu bestimmen.

Sie bemerken also, Begrifflichkeiten können sehr weit auseinanderliegen, obwohl Sie in manchen Beschreibungen ähnlich oder gar gleich klingen. Sie wissen nun, was mit Logos und was mit Vernunft gemeint ist.

Ataraxia

Auch die Ataraxia beschreibt einen Zustand ähnlich dem der Meeresstille der Seele. Hier geht es ebenfalls um das Ideal der Seelenruhe und der Gelassenheit, welche im gesamten Stoizismus eine sehr bedeutende Rolle spielt. Im Deutschen wird Ataraxia auch häufig einfach Ataraxie genannt, da das Wort jedoch aus dem Altgriechischen stammt, wollen wir diesen Terminus weiterhin benutzen. Diese Art der Seelenruhe bezeichnet darüber hinaus einen seelischen Zustand, welcher auch als Affektlosigkeit beschrieben werden kann. Affektlosigkeit ist hier nicht unbedingt mit Gleichgültigkeit gleichzusetzen, dennoch geht die Richtung der Affektlosigkeit in eine Verteidigung gegen Schicksalsschläge oder andere negative Einwirkungen von außen. Durch das Üben in Seelenruhe in Bezug auf eine Affektlosigkeit wird der Mensch resistent gegen Gefährdungen, welche das Glück eines Pfades verhindern würden.

Auch die Unerschrockenheit spielt hierbei eine wichtige Rolle. In der stoischen Philosophie geht es vor allem um die Gesundheit des Körpers und die Ruhe der Seele. So folgt man also nüchternen Überlegungen, wie beispielsweise, dass der Tod für einen Menschen keine Rolle spielt, da er selbst nicht mehr da ist, wenn er eintritt. Weiterhin sind natürliche Bedürfnisse dennoch leicht zu erfüllen. Natürliche Bedürfnisse sind in den Augen der Stoiker Hunger, Freundschaft oder Durst. Mit dieser Lebensart gelangt man zu dem Zustand der Unerschrockenheit und der Gelassenheit – eben der Ataraxia.

Apatheia

Eng mit dem Konzept der Ataraxia verknüpft ist die Apatheia, welche für eine gewisse Unempfindlichkeit steht. Durch dieses Prinzip ist der Gemütszustand eines Menschen immer friedlich und stabil. Dies kann jedoch nur erreicht werden, wenn Erschütterungen für den Menschen verhindert werden. Natürlich können diese Erschütterungen nicht von außen verhindert werden, sondern müssen im Körper selbst abgewendet werden, etwa so, dass man ein negative Ereignis selbst nicht mehr als Erschütterung sieht. Um diese Gefühle dauerhaft zu verhindern, sollte sich ein Mensch stets in einer gewissen Leidenschaftslosigkeit üben.

Der Begriff Apatheia wurde ebenfalls eingedeutscht und wird hier als Apathie bezeichnet, welche man eben auch oft mit Leidenschaftslosigkeit definieren kann. Dennoch hat der Begriff Apathie eher einen negativen Ausdruck, weswegen wir uns auf den Begriff der Apatheia berufen.

Natürlich übten sich auch zahlreiche Dichter oder Philosophen der Antike an der Stoa und damit auch an der Apatheia, wodurch der Dichter Horaz den Menschen, der sich in Apatheia übt, als weltüberlegen bezeichnet und folgenden Spruch verfasst hat:

„Selbst wenn die Welt zerborsten einstürzt,
werden die Trümmer einen Furchtlosen treffen."

Leben im Verborgenen

Zuletzt wird auch das Leben im Verborgenen oft mit dem Stoizismus in Verbindung gebracht. Liest man diesen Leitsatz, so könnte man denken, dass die Stoa einem empfiehlt, sich zurückzuziehen und keinen Anteil mehr an einem Leben in Gesellschaft zu nehmen. Diesem Gedanken ist mitnichten recht zu geben, denn was der Stoizismus mit dem „Leben im Verborgenen" meint, ist eben kein Rückzug aus öffentlichen Diskussionen oder der Gesellschaft. Vielmehr wird hier beschrieben, dass sich ein Mensch nicht ständig und zu allen Bedingungen äußern und sich nicht in alle Belange einmischen sollte.

Durch eine fundierte Meinung kann Nützliches zu einer Debatte beigetragen werden und vor allem geholfen werden. Sagt man jedoch zu jeder Situation seine Meinung, welche oft nicht begründet sein kann, dann trägt dies nicht zur stoischen Lebensweise bei, sondern hat zur Folge, dass Sie unbegründet Leidenschaft in etwas stecken, bei dem Sie sich eher in Apatheia üben sollten.

PHILISOPHIE DER STOA

Sie haben nun bereits einiges über die Philosophie der Stoa und des Stoizismus erfahren. Zumindest sind Ihnen einige Fachbegriffe nun geläufiger, was die Sinnhaftigkeit der Stoa Ihnen und uns aber sagen möchte, ist noch nicht klar beschrieben worden. Sie haben nun jedoch gute Voraussetzungen, um weitere wichtige Dinge zu verstehen. Elementar in der stoischen Philosophie ist der Mensch und seine Denkweise. Wie der Mensch zu denken hat oder wie er sich verhalten soll, um glücklich zu werden, erfahren Sie in einem späteren Teil des Buches. Zunächst sollten

Sie sich beim Stoizismus bewusst darüber werden, dass der Mensch aus verschiedenen Blickwinkeln betrachtet wird, ob als Teil der Weltordnung, als Triebwesen oder aus ganz anderen Perspektiven. Diese Blickwinkel werden Ihnen im Folgenden vorgestellt und decken alle Bereiche ab, wie ein Stoiker den Menschen sieht.

Der Mensch als Teil der Weltordnung

Wie bereits erwähnt, ist der Mensch das absolute Zentrum im Stoizismus, es geht also persönlich um Sie. Doch auch Sie selbst können sich aus verschiedenen Blickwinkeln betrachten, einer davon sind Sie als Teil der Weltordnung. Der Mensch ist in diesem Fall ein Teil eines großen Komplexes, der geordneten Welt, wie wir Sie bei den Begriffen bereits beschrieben haben. In diesem Komplex wirkt praktisch eine Kraft, welche als göttlich und ewig zu beschreiben ist, und diese durchdringt nicht nur die physikalischen Gesetzmäßigkeiten, sondern auch alle Lebewesen und hält die natürliche Ordnung. In der griechischen Antike wird diese Kraft häufig als Feuer oder als Atem beschrieben, welcher die Welt beseelt und mit Wärme durchströmt. Auf diese Urkraft heißt es, sich zu verlassen, und da sie planvoll und geordnet ist, nicht chaotisch, ist der Mensch daran auch gut beraten. Hier haben Sie bereits den Begriff der Vernunft (Logos) kennen gelernt, welcher diese planvolle Macht führt. Dabei ist es interessant, zu wissen, dass Logos nicht nur die Gegenwart bestimmt und leitet, sondern auch die Zukunft und so können Sie sich als Mensch als Teil der Weltordnung sicher sein, dass Sie eben ein Teil dieser Vernunft sind. Alles, was also gerade passiert und in Zukunft passieren wird, ist vorbestimmt. Heute würden wir diesen Umstand wohl als Schicksal bezeichnen. Alles geschieht mit einer natürlichen Notwendigkeit in einem großen Zusammenhang.

Betrachten Sie dieses Bild des Menschen als Teil der Weltordnung, so stellt sich die Frage, ob ein Mensch dann überhaupt einen freien Willen hat. Diese Frage stellt sich auch der Stoizismus und kommt auf die

Antwort, dass der freie Wille des Menschen in jedem Falle begrenzt ist, manche Vordenker meinen sogar, dass es ihn nicht gibt, da die Vernunft der Urkraft alles bestimmt. Natürlich ist sich der Mensch dessen nicht bewusst und es geschieht nicht sichtbar oder bemerkbar.

Aus dieser Annahme heraus sollte sich der Mensch schließlich nicht bemühen, diesem Faktum zu widerstreben und sich dem Schicksal entgegenzustellen. Dabei entwickelte sich im Laufe der Zeit auch eine zentrale Annahme des Stoizismus: Im besten Falle erkennt der Mensch an, dass so, wie es gerade ist, oder so, wie es gerade kommt, einfach ist. Egal, ob die Zeiten gut oder schlecht sind, sie sind wie sie sind und das anzuerkennen, lässt Sie als Mensch unerschütterlich werden. Damit stimmen Sie der Vernunft als Kraft zu und sind ein befreiter Mensch. Nach der Philosophie der Stoa erreicht diesen Zustand nur der Mensch, der ideal ist – er wird schließlich als „der/die Weise“ betrachtet.

Der Mensch als Vernunftwesen

Jeder Blickwinkel auf den Menschen hängt natürlich miteinander zusammen und so wird der Mensch im Stoizismus auch als Vernunftwesen gesehen. Hier ist genau die Vernunft gemeint, welche im vorherigen Punkt als Urkraft, Feuer oder Atem beschrieben wurde und die Welt in naturlichen Bahnen hält und lenkt. Diese Urkraft ist unumstößlich und es ist unmöglich, sich ihr und damit seinem eigenen Schicksal in den Weg zu stellen.

Vielmehr ist es sinnvoller, mit genau dieser Kraft zu leben und sie zu nutzen, denn im Prinzip ist ja auch der Mensch – wie alles andere auf der Welt – von diesem Atem beseelt und von dieser Wärme durchströmt. Im Stoizismus wird der Mensch dennoch als eine Art „höheres Wesen“ betrachtet und er wird daher von der Kraft intensiver beeinflusst als beispielsweise Tiere. Der Mensch hat also aktiv das Wissen von der Kraft und kann sich ihr zwar nicht in den Weg stellen, jedoch ist es möglich, sie zu akzeptieren und ihr zu folgen. Ist man sich der Kraft in sich bewusst, so ist es möglich, mit ihr in Einklang zu leben. Genau dieser Prozess oder dieser Zustand wird als Idealzustand der Seele beschrieben und oft als Tugend bezeichnet. Welche Tugenden es gibt und welche Laster die Stoa beschreibt, erfahren Sie in einem weiteren Kapitel noch genauer. Fakt ist, dass Sie einen Zustand der Weisheit und der Erleuchtung erreichen, wenn Sie in der Tugend leben.

Der Mensch als Triebwesen

Doch bis dieser Zustand der Erleuchtung erreicht ist, muss man eben die Vernunft zunächst akzeptieren und in sich lassen. Auch in der Stoa bleiben die Kräfte und Eigenschaften in einem Menschen nicht verborgen, die der Vernunft entgegenarbeiten, denn der Mensch ist auch hier als Triebwesen bekannt. So meint dieser Begriff vor allem Gefühle, die leidenschaftlich sind oder intensiv erlebt werden. Als Begriff nutzt die Stoa das Wort Affekt. Diese Affekte sind dafür verantwortlich, wenn Menschen intensive Gefühle ausleben und dadurch zu falschem Verhalten getrieben werden, woraus letztendlich nur Leid in ihm entstehen kann, da dies von der Vernunft abweicht.

In der antiken Philosophie der Stoa sind vier Affekte definiert. Zum einen ist es die Lust, welche sich am scheinbar Guten erfreut, zum anderen ist es die Begierde, die nach genau dieser Lust strebt. Weiterhin ist auch der Schmerz ein Affekt, welcher am scheinbar Schlechten leidet, und auch die Furcht, welche den Schmerz vermeiden will. Mit dem Beisatz „scheinbar" erahnen Sie bereits, dass eine Lust oder ein Schmerz stets subjektiv, also nur von Ihnen so betrachtet wird. Im Stoizismus werden Sie dazu befähigt, Schmerz und Lust objektiv zu betrachten und nicht als gut oder schlecht anzusehen. Die aufgezählten vier Hauptaffekte Lust, Begicrde, Schmerz und Furcht lassen sich weiterhin in verschiedenste Unteraffekte teilen, so sind beispielsweise Mitleid, Neid oder Eifersucht Formen des Schmerzes. Zorn, Hass und Liebe sind Formen der Begierde. Lassen Sie sich von diesen Affekten leiten, so lässt sich dies nicht mit der Kraft der Vernunft vereinbaren und Sie leben dann in einem Zustand der Unbeherrschtheit. Dies beschreibt die Stoa als Zustand, der nicht anders ist als bei Tieren. Wollen Sie ein „Weiser" oder eine „Weise" sein, so sollten Sie die Affekte bezwingen. Erst dadurch werden Sie frei von Leid und erleben absolute Freiheit.

Natürlich ist das aus heutiger wie auch aus damaliger Sicht ein schwieriger Umstand, sich in der Gesellschaft von den erwähnten Affekten loszusagen. Dennoch beschreiben viele Stoiker auch einen sogenannten Mittelweg, bei dem es auf das Maßhalten zwischen „Zuviel" und „Zuwenig" eines Affekts ankommt.

Die Gleichgültigkeit des Menschen

Wie Sie sicher bereits gemerkt haben, ist die ganze Philosophie und dadurch auch die Lebensweise ein innerer Prozess, der von Ihren Gedanken aus gesteuert werden muss. Der Weg des glücklichen Pfades kommt also von innen heraus, dennoch wird auch im Stoizismus nicht verkannt, dass der Mensch in einer Welt lebt, in der auch äußerliche Dinge existieren und eine gewisse Gesellschaft vorherrscht, in der es auch auf zwischenmenschliche Dinge ankommt. Der Umgang mit den Mitmenschen ist je nach Zustand vernünftig oder triebhaft.

Leben Sie als Mensch im Sinne der Vernunft, so sind Sie zweifelsohne tugendhaft und kennen keine anderen Güter als diese Tugend. Dinge wie Gesundheit oder Reichtum sind für Sie völlig belanglos und tragen nicht zu Ihrem eigenen Glück bei, sie sind eben gleichgültig. Dennoch kennt der Stoizismus eine Rangordnung und so werden die eben genannten Güter freilich als besser eingeschätzt als Übel, wie beispielsweise Armut oder Krankheit. Trotzdem ist der Stoizismus davon überzeugt, dass, egal, welche Güter dieser Rangordnung aktuell sind, diese nicht auf dem Pfad des Glücks helfen. Daher kann man es als gleichgültig betrachten, wenn Sie beispielsweise ein Übel erfahren, da Sie als vollkommener Mensch über den Dingen stehen. Ob Gewinn oder Verlust, alles wird sozusagen in stoischer Gelassenheit akzeptiert und wirft Sie nicht aus der Bahn.

Die Stoa sieht auch Mitmenschen quasi als Dinge und lehrt, dass diese im Prinzip nicht notwendig sind, um den Pfad des Glücks zu finden.

Die Verantwortung des Menschen

Die Vorgaben der Stoa wirken heute häufig veraltet und nicht gesellschaftsfähig und dennoch muss man sich für das korrekte Verstehen tiefer mit ihr auseinandersetzen. Welche Missverständnisse und Mythen sich um die Philosophie der Stoa und damit auch um den Stoizismus ranken, behandeln wir in einem anderen Kapitel. Keine Angst, Sie sind mit dem Stoizismus auf einem richtigen Weg zu einem gelasseneren und glücklicheren Leben.

Wenn man die Philosophie der Stoa als richtig versteht, so spielt auch die Verantwortung des Menschen eine wichtige Rolle. Auch wenn scheinbar alles gleichgültig erscheinen sollte, um ein Überwesen zu sein, leugnet der Stoizismus nicht, dass ein Mensch auch einen gewissen Drang hat, sich in seiner Umwelt und in seiner Realität zu bestätigen. Denn genau diese Welt des Menschen ist ebenfalls Teil der Vernunft, der höheren Kraft. Auch alle Mitmenschen, welche für das eigene Glück belanglos sind, sind dennoch Teil dieser Vernunft und werden deshalb häufig als Vernunftgenossen betitelt. Die Stoa geht davon aus, dass sich der Mensch um genau diese Vernunftgenossen kümmert und sich so auch für ein gelingendes Staatswesen zu interessieren hat. Er lebt also nicht zurückgezogen und in Desinteresse versauernd.

Jeder Mensch sieht den jeweils anderen Menschen als Logos und erkennt ihn als Wesen der Vernunft an. Dabei ist es egal, welche Herkunft ein Mensch hat oder welchen Stand in der Gesellschaft er belegt, wahrlich ein Gedanke, der in der öffentlichen Diskussion in vielerlei Hinsicht nicht mehr so gesehen wird. Nicht nur deshalb scheinen gerade heute stoische Gedankengänge aktueller denn je, denn sie rufen zu einer Art Solidarität mit allen Menschen auf. Sind Sie in dieser Hinsicht ein „Weiser" oder eine „Weise", so kennen Sie mit Ihrer Verantwortung gegenüber der Vernunft auch keine Ländergrenzen und bezeichnen sich als Weltbürger*in.

Das Ziel des Menschen

Am Ende folgt der ganze Prozess und das ganze Leben natürlich einem Ziel und so sollte auch der Mensch ein ganz bestimmtes Ziel in seinem Leben verfolgen. Das Ziel ist die Erfüllung der Anforderungen des Stoizismus, welche sich aus der stoischen Lehre ergeben. Erreichen Sie diese Ziele und schaffen Sie es im Einklang mit der Vernunft zu sein, so werden Sie zum gottgleichen und erneuerten Menschen. Nur durch dieses Erreichen können Sie den Zustand höchstens Glücks erleben und sozusagen ein überragendes Wesen werden. Dieses Glück hängt natürlich nicht von materiellen Werten ab, sondern vielmehr von einer besonderen, tiefen Form der Freude, welche in der stoischen Philosophie auch als Seligkeit bezeichnet wird. Die antiken Stoiker allerdings sind sich in diesem Punkt sehr einig, dass diesen Zustand nur wenige Menschen erreichen können, prominente Vertreter sind beispielsweise Herakles aus der antiken Mythologie und auch Sokrates.

Heute freilich ist es noch unmöglicher geworden, einen solchen Lebensstil zu forcieren und ein überragendes Wesen zu werden, immerhin sprechen wir dabei auch über Theorien aus dem antiken Griechenland. Nichtsdestotrotz existieren stoische Werte, welche Sie sehr gut in Ihren Alltag einbauen und mit denen Sie ein glückliches, selbstbewusstes und geordnetes Leben führen können. In diesem Buch geht es uns nicht darum, Übermenschen zu formen, sondern vielmehr darum, jedem einzelnen ein wenig dabei zu helfen, einen gewissen Geisteszustand zu erreichen, welcher im Alltag helfen kann. Und dafür sind die Theorien der Stoa sehr gut geeignet.

STOISCHE TUGENDEN UND LASTER

Ebenfalls ein elementarer Punkt in der Philosophie der Stoa sind Tugenden und Werte, die ein Mensch an den Tag legen sollte. Erfüllen Sie dies Tugenden, zählen Sie als tugendhaft und können dies als eine Charaktereigenschaft für sich beanspruchen. Stoiker betrachten die sogenannte „Exzellenz der Tugend" als das wirklich Einzige, was in einem Menschenleben einen wahren Wert besitzt, da sich an der Tugend das Handeln ausrichtet.

Laster hingegen betiteln das Gegenteil von Tugend und jeder Einzelne hat eben auch ein Gegenstück – ein Laster. Alles andere, ob Ding oder Gedanken, ist ein sogenanntes Adiaphoron. Umstände, wie beispielsweise die Gesundheit oder Dinge wie Reichtum, sind daher gleichgültig und tragen nichts zum Pfad der Vernunft bei. Wie auch Sie versuchen können, tugendhafter zu werden, erfahren Sie in diesem Kapitel – zumindest anfänglich.

Die Tugenden der Stoa beziehen sich also vor allem auf das Gute im Menschen. Was gut, was schlecht oder was neutral ist, kann man durch die Fähigkeit der Klugheit erfahren. Setzt man also eine Rangfolge der Tugend an, so ist die Klugheit sicher die erstrangige Tugend. Eine weitere wichtige Tugend ist der Großmut, welcher Ihnen die Möglichkeit gibt, über Dinge, die Ihnen widerfahren, erhaben zu sein. Egal, ob Sie gerade Positives oder Negatives erleben – was übrigens allen Menschen passieren kann – Sie können mit der Situation umgehen und diese als eigentlich irrelevant für Ihr Glück einschätzen. Auch Selbstbeherrschung ist eine elementare Tugend, welche Sie unabhängig von äußeren Einflüssen macht. Somit besitzen Sie das Vermögen, sich von Lustregungen nicht beeinflussen zu lassen. Der selbstbeherrschte Mensch ist unerschütterlich in seiner Orientierung an den Resultaten der Vernunft.

Natürlich existieren im Stoizismus auch Negative zu den Tugenden, welche als Laster betitelt werden. Jede einzelne Tugend ist quasi mit einem Gegenstück konfrontiert. Die Klugheit, welche Urteilskraft, Intelligenz oder bedachtes Handeln fördert, steht der Dummheit oder der Gedankenlosigkeit gegenüber. Die Gerechtigkeit, welche einen gewissen Dienst an der Gesellschaft vermuten lässt, steht der Ungerechtigkeit gegenüber.

Weiterhin existiert die Tugend der Kraft oder des Mutes, welche sich durch Vertrauen, Großherzigkeit oder Liebe zur Arbeit ausdrückt, wohingegen die andere Seite durch Feigheit oder Schlappheit geprägt ist. Zuletzt nennen wir hier noch die Tugend der Selbstdisziplin, die sich durch Organisation, Bescheidenheit und Selbstkontrolle auszeichnet. Ihr gegenüber steht die Maßlosigkeit. Wollen Sie sich nun einer der Tugenden und danach Stück für Stück weiteren Tugenden annehmen, so erscheinen Mut und Mäßigung als einfachste umsetzbare Tugenden. Dabei ist zu sagen, dass alle Tugenden irgendwie zusammenhängen. Dadurch könnte man sagen, dass Sie alle besitzen, wenn Sie nur eine besitzen. So einfach kann man es sich natürlich nicht machen, jedoch ist es eine gute Wahl, sich Stück für Stück mit neuen Tugenden zu befassen, jede Tugend, die Sie auf diesem Weg beachten, wird Sie für die nächste vorbereiten und unterstützen.

Wie verhält man sich also nun, wenn man ein weiser Stoiker oder eine weise Stoikerin sein möchte? Als Erstes sollten Sie damit beginnen, dass Sie das Schicksal nie verkennen und dieses einfach akzeptieren. Akzeptieren Sie es und seien Sie über etwaige Folgen nicht missgelaunt. Versuchen Sie, jedes Ereignis, welches Ihnen widerfährt, als zugewiesene Aufgabe zu erkennen und nicht als widerfahrenes Unglück oder Glück.

„Entdeckung“ der Tugenden

Natürlich werden Tugenden nicht entdeckt wie etwa alte Relikte oder Artefakte. Dennoch wurden sie vor mehr als 2.000 Jahren verfasst und in der Zwischenzeit auch wieder vergessen. Man kann aber sagen, dass das, was damals ein sogenanntes Gut und sittlich wertvoll war, auch heute noch als solches zählt. Ein Gut ist demnach lediglich das, was sittlich wertvoll ist. Dadurch haben äußere Werte, wie beispielsweise ein Pferd oder ein Haus, keinen sittlichen Mehrwert.

Folgende Unterscheidung ist bei der Diskussion über die Tugend sehr wichtig: Das Ziel der Tugendhaftigkeit ist die Tugendhaftigkeit selbst. Diese kann nicht durch Freude oder positive Einstellungen erworben werden, sondern Gefühle wie Glück oder Freude entstehen aus ihr heraus. Somit sind dies quasi Nebeneffekte der Tugendhaftigkeit und nicht das Ziel.

Erreichen der Tugendhaftigkeit

Es existieren natürlich viele Wege, um die Tugendhaftigkeit zu erreichen. Wir bereiten Sie zunächst auf zwei ganz wesentliche Aspekte vor, bevor Sie im weiteren Verlauf des Buches noch einige weitere Möglichkeiten und auch kleine Übungen kennenlernen werden, wie Sie den Stoizismus in Ihren Alltag bringen. Diese zwei Aspekte sind zunächst die Abendreflexion und die Morgenvisualisierung.

Kommen wir zunächst zur Abendreflexion. Hierbei ist es wichtig, dass Sie Ihren erlebten Tag nüchtern und neutral Revue passieren lassen. Dabei prüfen Sie dann ganz objektiv, was Sie gut gemacht haben und wo Sie eventuell schlecht gehandelt haben. Die Schlussfolgerung, welche Sie daraus ziehen, ist die, sich vorzunehmen, dass man schlechte Dinge am nächsten Tag besser machen möchte. Richten Sie dabei Ihre Handlungen ganz aktiv auf die Ihnen bekannten Tugenden, wie beispielsweise Weisheit, Mut oder Mäßigung, aus. Gelingt es Ihnen nicht, sich nach diesen Tugenden zu orientieren, überlegen Sie am Abend erneut, wie Sie diesen gerecht werden können. Natürlich erfordert dies vor allem zu Beginn ein erhebliches Pensum an Zeit, über viele Situationen und Möglichkeiten nachzudenken, dennoch ist ein erster Schritt getan.

Der zweite oben genannte Aspekt ist die sogenannte Morgenvisualisierung. Diese Art der Visualisierung hat viel mit einem gewissen Erwartungsmanagement zu tun, bei dem die meisten Menschen häufig denken, dass schon alles glatt laufen wird. Dabei ist es eigentlich fahrlässig, so zu denken, da Sie andere Menschen definitiv nicht kontrollieren können und daher nicht damit rechnen können, dass jeder Tag ein guter Tag wird und Ihnen alle Menschen wohlgesonnen sind. Das Einzige, was Sie kontrollieren können, ist die Reaktion auf kommende Ereignisse, weswegen es sich lohnt, diese Reaktionen zu trainieren. Dies gelingt zuerst durch eine proaktive Visualisierung, wodurch Sie Ihre Gedanken zwar darauf lenken, was heute passieren kann, aber den Fokus dabei noch vielmehr auf Ihre möglichen Reaktionen lenken und eine Katastrophe so vorwegnehmen. Dies bedeutet nicht, dass Sie sich keine Ziele setzen sollten, Sie sollten diese nur stets so formulieren, dass Sie sie erreichen wollen, sofern Sie nichts daran hindert. Um dies zu unterstützen, können Sie beispielweise eine Strichliste darüber führen, wie oft Sie sich an einem Tag ärgern, und in der Folge Ihre Ziele so setzen, dass Sie sie zum einen messen können und sie zum anderen in Ihrem Einfluss liegen.

Noch einmal zusammengefasst bedeutet das also Folgendes: Am Morgen visualisieren Sie Ihren Tag, stellen sich darauf ein, was passieren könnte und wie Sie darauf reagieren können. Tagsüber versuchen Sie, sich selbst zu beobachten und zu analysieren, wie es um Ihre Ziele, Tugenden einzuhalten, steht. Am Abend reflektieren Sie letztendlich über

Ihren Tag und geben ehrlich zu, wo Sie heute gut und wo Sie versagt haben.

KERNASPEKTE DER STOA

Im Laufe der Zeit wurden in der Philosophie der Stoa drei Kernaspekte herausgearbeitet. Da die Gründung dieser Denkweise jedoch über 2.000 Jahre zurückliegt, kann man erahnen, dass sich der Inhalt unter dem Einfluss verschiedenster Philosophen und Theoretiker stets gewandelt hat. Die sogenannten Kernaspekte haben diese gewaltige Zeitspanne jedoch stets überdauert und sind auch noch heute Teil der stoischen Lehre. Hierbei teilt man die Stoa in drei Bereiche auf, welche Ihnen im Folgenden erläutert werden. Der erste Teil ist die Physik, welche sich mit den materiellen Gegebenheiten der Welt befasst. Auf sie folgt die Logik, bei der es vor allem um Dialektik, also das Behandeln von Gegensätzen, um Rhetorik und um die Erkenntnistheorie geht. Der letzte Kernaspekt ist die Ethik, welche praktisch das Zentrum einer jeden Philosophie ist.

Physik
Wie bereits erwähnt, sind all die Gedanken und Übungen des Stoizismus nur sinnvoll, wenn Sie die Welt aus Sicht eines Stoikers betrachten. Wie Sie ja schon erfahren haben, besteht die ganze Welt also aus einem einzigen Strom, welche durch eine Kraft zusammengehalten und gelenkt wird. Diese Kraft ist durch „Logos" durchströmt und stellt in gewisser Weise eine göttliche Vernunft dar. Diese Kraft ist im Prinzip eine Gesamtheit oder Einheit von verschiedenen Elementen. Diese Elemente sind im Stoizismus die Materie, das Schicksal und die Natur. Diese Gesamtheit der Dinge hält auf der Welt alles am Laufen und steuert ihre Zukunft. Dabei ist die Kraft niemals fehlbar und nichts geschieht zufällig. Weiterhin ist aufgrund der Materie, des Schicksals und der Natur ein

jedes Leben vorherbestimmt, was nicht bedeutet, dass keine Aktion gefordert ist, sondern vielmehr, dass der Mensch stets versuchen soll, sein Schicksal zu erfüllen. Anders als ein Tier ist der Mensch ein Mikrokosmos, der durchströmt vom göttlichen Logos sein Schicksal und sein Ziel erfüllen beziehungsweise erreichen kann. Für dieses Erreichen spielt die Vernunft eine außerordentlich wichtige Rolle und ist im Sinne der Stoiker elementarer als andere Dinge, wie beispielsweise die fünf Sinne des Menschen oder das Sprachvermögen.

Die letzte physische Vorstellung von dieser war, dass Sie – wie bereits erwähnt – aus einem sogenannten Ur-Feuer entstanden ist. Darüber hinaus geht man davon aus, dass darauffolgend Weltperioden existieren, die nach einer gewissen Zeit untergehen und durch genau dasselbe Ur-Feuer wieder neu erschaffen werden.

Logik

Der nächste Kernaspekt der Stoa ist nach der Physik die Logik. Dabei geht es um Dialektik und um Rhetorik. Die Dialektik der Logik stützt sich vor allem auf der Erkenntnistheorie der Stoa, welche besagt, dass der Mensch das als wahrhaftig bezeichnen kann, was er mit seinen Sinnen aufnehmen kann, also was er sieht, hört, schmeckt, riecht, fühlt und sieht. Dennoch stützt sich der Stoizismus nicht nur darauf, da er anerkennt, dass eine gewisse Gefahr durch Sinnestäuschungen hervorgerufen werden kann. Somit genügen die Sinne nicht allein als Wahrheitskriterium.

Die Logik verfolgt folgendes Ziel: Sie sieht die Vernunft als beherrschenden Teil eines Menschen und will diese davor bewahren, dass sie durch Irrtümer geblendet wird. Weiterhin gibt die Logik Wahrscheinlichkeitskriterien und Wege vor, um die Erfüllung des Schicksals zu finden. Um diese Theorie zu verfolgen, besagt der Stoizismus, dass zunächst jeder Mensch bei seiner Geburt unbelastet ist und praktisch einem weißen Blatt gleicht. Das über Sinne Aufgenommene prägt sich dann wie ein Stempel auf dieses Blatt ein und erzeugt, dass ein Mensch eine Vorstellung entwickeln kann. Durch diese Vorstellungen bleiben wiederum Erinnerungsbilder zurück, welche der Mensch miteinander verknüpfen kann und durch welche er an Erfahrungen gewinnt.

Die Dialektik ist dabei quasi ein Instrument, um zwischen falschen und wahren Vorstellungen zu differenzieren, und nur ein tugendhafter Mensch, der sich vor allem in Selbstbeherrschtheit übt, erlangt die korrekte Wahrnehmung, um zwischen falsch und wahr zu unterscheiden. Dieser Mensch wird im Stoizismus auch als „richtiger Mensch" betitelt, wobei das Gegenteil, ein „falscher Mensch", eben von Trieben und Gefühlen geleitet ist.

Die Rhetorik bezieht sich unterdessen darauf, diese Errungenschaften und Erkenntnisse in das gesprochene Wort zu fassen und verständlich zu machen. Wie Sie ja bereits wissen, stammt die Philosophie der Stoa aus dem antiken Griechenland. In dieser Zeit war eine ausgeprägte Sprachkultur noch nicht sehr verbreitet und so waren es die Stoiker, die enorme Nachforschungen zur Sprachlehre betrieben, um ihre Lehren verständlich zu machen. Dabei wurden grammatikalische Begriffe entworfen, die sich auch heute noch in unserem Sprachgebrauch niederschlagen. Ein Beispiel hierfür ist die Unterteilung der Wortarten in Nomen, Adverbien oder Verben.

Die Stoiker bemühten sich, das Zusammenwirken der beiden Begriffe Dialektik und Rhetorik verständlich zu machen, und versuchten, diese zu veranschaulichen. Bis heute steht hierfür eine geballte Faust, welche die wahrhaftig erfassten Gedanken der Dialektik symbolisiert, und die flach gespreizte Hand, welche für die Rhetorik, die jeden durchdringen soll, steht.

Ethik
Der dritte und letzte Kernaspekt der Philosophie der Stoa ist die Ethik. Diese ist dafür verantwortlich, ein erstrebenswertes Handeln zu definieren und Ihnen als Anhänger des Stoizismus richtige Verhaltensweisen aufzuzeigen, nach denen Sie sich richten sollten, um auf den Pfad des Glücks zu gelangen. Dies erreichen Sie, indem Sie nach der höchsten Tugend, der Weisheit oder der Klugheit, streben, um Ihr persönliches Schicksal zu erfüllen. Durch die Physik besitzt ausnahmslos jeder Mensch eine Vernunft, mit der er an der göttlichen Vernunft teilhaben kann. Nur durch dieses Instrument können Sie Weisheit erlangen. Durch die Logik wird definiert, wie ein Mensch durch einströmende Sinneseindrücke zu Vorstellungen kommt, die ihn einer Vernunft näher bringen.
Die Vernunft eines jeden Einzelnen entscheidet schließlich, welche Eindrücke nützlich und welche nutzlos sind. Somit kann man zusammengefasst sagen, dass die Vernunft des Menschen in dessen Leben eine Art Wegweiser spielt, wie er zur Weisheit gelangt. Dabei ist das Leben immer im Fokus, worin der Mensch eine lebenslange Bemühung der Selbstformung der Seele praktizieren und jedem Schicksalsschlag standhalten soll.

VIER ESSENTIELLE LEHREN DES STOIZISMUS

Über die drei Kernaspekte hinaus hört man im Zusammenhang mit dem Stoizismus immer wieder den Begriff der vier essentiellen Lehren. Diese sind im Allgemeinen weniger theoretisch als die drei Kernaspekte Physik, Logik und Ethik, da sie durch moderne Philosophen, wie beispielsweise Friedrich Nietzsche, klarer und verständlicher beschrieben wurden. Dadurch wirken diese für den Alltag meist zugänglicher und beschreiben darüber hinaus auch eine Art Lebensweise, die eng mit dem Stoizismus verbunden ist. Sie werden schnell selbst bemerken, dass

Ihnen die vier essentiellen Lehren eingänglicher und verständlicher erscheinen und kein großes Theorieverständnis von Nöten ist.

Amor fati

Der Begriff oder das Motto „Amor fati" kommt aus dem Lateinischen und bedeutet wörtlich übersetzt „Liebe zum Schicksal". Hier ist im Speziellen eine positive Denkweise gemeint, die durch eine positive Einstellung Glück in Ihr Leben bringen kann. Ursprünglich stammt dieses Motto aus der Philosophie der Stoa und erhielt dann praktisch eine Renaissance durch moderne Philosophen. In diesem Fall labte sich Friedrich Nietzsche an dieser Aussage und betonte diese zum ersten Mal im Buch „Die fröhliche Wissenschaft". Friedrich Nietzsche macht in seinem Buch klar, dass das Schicksal ein unwiderruflicher Teil des Lebens und der Welt ist und ein Mensch es nicht kontrollieren kann. Somit bleibt dem Menschen nichts anderes übrig, als mit dem Schicksal im Einklang zu leben und es praktisch zu umarmen. Dem Stoizismus nach ist es definitiv besser, dass man Dinge, die man selbst nicht beeinflussen kann, akzeptiert, wie sie eben sind, und nicht den Versuch anstellt, die Dinge, die einem persönlich nicht gefallen, zu kritisieren oder sich darüber zu echauffieren. Diese Lebensweise dürfte Ihnen bereits aus den vorherigen Kapiteln bekannt sein, nur bringt sie Nietzsche einem auf positive Art und Weise nochmals näher. Gelingt es Ihnen, Ihr Schicksal zu lieben, so akzeptieren Sie, dass nie etwas genauso verläuft, wie Sie sich es vorstellen, aber darüber hinaus können Sie durch diesen Leitsatz auch mit dem zufrieden sein, was eben das Resultat aus den einen oder anderen Situationen ist.

Zuletzt noch eine kleine Anekdote zu dem Leitspruch „Amor fati": Das Unternehmen und die Wirkungsstätte von Thomas Edison wurde von einer fürchterlichen Feuerkatastrophe heimgesucht. Das Nervenzentrum galt zu Beginn des 20. Jahrhunderts als eines der fortschrittlichsten. Thomas Edison sah den Brand aber nicht als Katastrophe, sondern als Chance, das Gebäude noch moderner und nützlicher wiederaufzubauen. Darüber hinaus erfreute er sich fast an dem Flammenspektakel, welches wohl einen sehr imposanten Eindruck auf Edison machte. Er akzeptierte hier also – so schlimm der Umstand objektiv zu sein scheint – das Geschehene und verbalisiert da, was in seiner Macht steht und was er kontrollieren kann.

Kontrolle

Auch der Begriff der Kontrolle ist bereits das eine oder anderen Mal gefallen, doch was genau hat es mit diesem Begriff auf sich? Zunächst sollten Sie sich im Klaren darüber sein, dass es bei Kontrolle auch um Nicht-Kontrolle geht und die Fähigkeit, dies zu akzeptieren. Manche Dinge stehen nämlich in Ihrer Macht und Sie können diese beeinflussen, bei manchen Dingen sind Sie jedoch im wahrsten Sinne des Wortes machtlos und so haben Sie auch darüber keine Kontrolle. Dabei dürfen Sie gar nicht einmal so weit denken, da Dinge, die in Ihrer Macht stehen und Ihrer Kontrolle unterliegen, nicht unbedingt materielle Dinge sind. Gerade weil Sie eben umfänglicher aufgestellt sein wollen, geht es hierbei mehr um Konstrukte, wie beispielsweise das Fällen eines Urteils, Bestrebungen oder Begierde. Auch Abneigung ist ein Konstrukt, welches in Ihrer Macht steht, und so sind diese Dinge praktisch Produkte Ihres eigenen Willens. Alles Materielle, wie zum Beispiel Besitz, Ihr Leib oder auch andere Dinge wie Ehre, stehen nicht in Ihrer Macht.

Sie können sich diesen Umstand wie folgt merken: Alles, was nicht unter Ihrer Kontrolle ist, ist quasi frei und kann somit auch nicht verhindert oder verboten werden, nicht von Ihnen zumindest. Daher kann das, was nicht Ihrer Kontrolle unterliegt, auch immer eintreten.

Die stoische Philosophie hat dafür eine gewisse Zielsetzung definiert, in der es Dinge gibt, die Sie kontrollieren können, Dinge, welche Sie beeinflussen können und somit ein wenig Kontrolle besitzen, und

Dinge, die Sie einfach akzeptieren müssen. Kontrollieren können Sie Ihre eigene Meinung, Wünsche, Abneigungen, Handlungen, Begierde und Ihren Willen. Beeinflussen können Sie Reichtum, Menschen, Ihren eigenen Ruhm, Ihre Gesundheit und Ihre gesamte Umwelt, und zwar durch Handlungen. Akzeptieren müssen Sie die Dinge, die nicht Ihrer Kontrolle unterliegen. Dies sind beispielsweise Ihr Leben an sich, der Tod und Ihr eigenes Schicksal.

Memento mori

Auch der Leitspruch "Memento mori" entstammt dem Lateinischen, wenngleich der Ursprung natürlich in der stoischen Philosophie und damit im antiken Griechenland liegt. Wörtlich übersetzt bedeutet der Leitspruch: Bedenke des Todes. Lucius Annaeus Seneca, ein wichtiger Vertreter der Stoa, beschrieb den Sinn dieses Mottos wie folgt: „Bereite dich in Gedanken auf das Ende deines Lebens vor. Verschiebe nichts. Gleiche täglich die Bilanz deines Lebens aus. Derjenige, der sich des Endes seines Lebens täglich vergegenwärtigt, ist nie in Zeitnot."

Was genau meint Seneca nun damit? Tatsächlich hat er mit seiner Aussage recht, da wirklich jeder Mensch auf Erden jeden Tag über ein Zeitkontingent verfügt, was jedem gleich gegeben ist – nämlich exakt 24 Stunden. Deshalb kommt es darauf an, sich bewusst für Dinge zu entscheiden, welche diese 24 Stunden füllen sollen. Die Aussage, dass man keine Zeit hätte, kann also niemals der Wahrheit entsprechen. Vielmehr passt die Aussage, dass man für die oder das keine Zeit hat. Das bedeutet also, dass Ihnen Ihre Zeit dafür dann zu Schade ist und Sie sie nicht investieren wollen.

Durch den Leitsatz „Memento mori" werden Sie sich tagtäglich Ihrer Sterblichkeit bewusst, nur ist die Frage, wie Sie darauf reagieren. Als Stoiker sehen Sie diesen Umstand als äußerst belebend und es gehört zu den wichtigsten Aufgaben des Menschen. Rufen Sie sich den Umstand jeden Tag ins Gedächtnis, möglicherweise sterben zu können, und denken Sie darüber hinaus zusätzlich daran, was Ihnen alles als schlimm erscheint. In der Folge werden Sie keinen schlechten Gedanken mehr hegen oder völlig unrealistische Wünsche äußern. Natürlich können Sie nicht ständig und überall damit rechnen und beispielsweise tun und lassen, was Sie wollen, denn es besteht ja immer noch die Möglichkeit, dass Sie weiterleben. Und genau das sollten Sie als tägliches Geschenk betrachten und sich nicht mit Dingen beschäftigen, die einfach nicht in Ihrer Macht liegen. Weiterhin werden Sie merken, dass Sie die Dringlichkeit von Dingen besser einordnen und Prioritäten setzen können. Haben Sie dafür Zeit oder eben nicht?

Apathie

Auch die Apathie gehört zu den vier essentiellen Lehren des Stoizismus. Über diese Lehre haben Sie in den vorangegangenen Kapiteln bereits vieles erfahren, weswegen wir Sie hier nun nicht langweilen wollen. Immerhin wollen Sie ja neue Dinge dazu lernen und nicht stets ähnliche Dinge lesen. Grundsätzlich ist die Apathie oder auch Apatheia, wie sie im Altgriechischen beschrieben wird, eine Eigenschaft eines Menschen, bei der dieser keiner äußeren Beeinflussung unterliegt. Das ist eben genau das, was auch in vielen anderen Bereichen der Stoa gelehrt wird. Versuchen Sie, auf Außenreize nicht einzugehen und eine Gefühlsbewegung darauf nicht eintreten zu lassen. Dies bedeutet nicht, dass Sie keine Reaktionen zeigen dürfen, sondern nur, dass diese nüchtern und neutral ausfallen sollen. Wie schon beschrieben – üben Sie sich in Apathie im eigentlichen Sinne und Sie werden ein entspannteres, selbstbewussteres und glücklicheres Leben führen. Alles andere haben Sie bereits ausführlich lesen können.

Die Geschichte des Stoizismus

Die Geschichte des Stoizismus ist unweigerlich mit der Geschichte der Stoa und dem antiken Griechenland verbunden. Dennoch kann man sagen, dass der Stoizismus heute eine neuartige und angepasste Form der Stoa hervorgebracht hat und diese somit eine Renaissance erlebt. In Anbetracht dessen ist es wichtig, die Geschichte dahinter zu erfahren und zu verstehen, denn Dinge, die die Menschen vor über 2.000 Jahren beschäftigt haben, beschäftigen uns auch noch heute. Daher ist ein geschichtlicher Hintergrund durchaus interessant und um Ihr Wissen zu erweitern, informieren wir Sie ebenfalls über einige wichtige Vertreter der Stoa im Laufe der Zeit, von 333 v. Chr. bis 180 n. Chr.

AUSGANGSLAGE UND ENTWICKLUNG DER STOA

Die Ursprünge der stoischen Philosophie liegen weit zurück. Bereits um etwa 300 v. Chr. entstanden hierfür die ersten Ansätze. Natürlich kann man die Zeit von damals nicht haargenau rekonstruieren, dennoch waren geschäftiges Treiben und ein stressiger Alltag auch in dieser Zeit schon bekannte Herausforderungen. Auch wenn man behauptet, dass Zeiten noch nie so ungewiss waren wie heute, ist das so nicht ganz korrekt, denn auch um 300 v. Chr. waren in einigen Teilen der Welt die Zeit und die Zukunft sehr ungewiss. Um das nachvollziehen zu können, ist ein kleiner geschichtlicher Abriss nötig.

In diese Zeit fällt im antiken Griechenland der Tod von Alexander dem Großen, weswegen eine Zeit des Umbruchs ins Hause stand und damit auch eine Zeit der großen Unsicherheit, denn politische Verhältnisse waren damals selten so gefestigt, wie sie in unsere heutigen Zeit scheinen. Alexander der Große hinterließ nach seinem Tod ein Reich an enormer Größe und breiter Ausdehnung. Die Menschen kannten damals lediglich das Reich als bekannte Welt und somit verschwand in dieser Zeit nicht nur die existierende Staatsform, sondern auch die bis dahin existierende Weltordnung. Dies geschah auch, weil keine legitimierte Nachfolge für Alexander den Großen bestimmt wurde und im ganzen Reich vermeintliche Nachfolger gegeneinander Krieg führten. Zwar galt das Dasein Alexanders des Großen praktisch als königliche Herrschaft, dennoch respektierte er die bis dahin seit Jahrhunderten bestehende Demokratie, die sogenannte attische Demokratie, welche den Menschen ein gewisses Maß an Sicherheit brachte. Mit seinem Tod und den folgenden Kriegen war das Ende dieser attischen Demokratie besiegelt und ein festes Fundament, praktisch die Identifikation des griechischen Volkes, wurde zerstört. Die Menschen waren auf der Suche nach Sicherheit, aber vor allem auch nach einem gültigen Wertesystem, nach Orientierung und Freiheit.

Über die Jahrzehnte entwickelte sich die Philosophie der Stoa immer weiter und gelang zu großer Zustimmung. So wurden die Lehren ebenfalls im aufstrebenden Römischen Reich bekannt und erlangten auch dort ein hohes Maß an Bedeutung. Vor allem in den Kreisen der Adeligen war die stoische Philosophie sehr verbreitet und einfach „en vogue" und so spiegelten sich die Inhalte auch häufig in Literatur und Schulwesen der Adeligen wider. Am Ende des 2. Jahrhunderts n. Chr. war die Stoa in hohen Regierungskreisen des Römischen Reiches zu einer sehr einflussreichen Philosophie und Denkweise geworden.

Über 500 Jahre lehrten und lebten also Vertreter dieser Philosophie an Schulen und in Politik, wobei jeder der berühmteren Vertreter etwas zur Weiterentwicklung hinzugab. Ab dem 2. Jahrhundert n. Chr. können in den Geschichtsbüchern jedoch keine prominenten Vertreter mehr ausfindig gemacht werden, wodurch der Einfluss der Stoa nicht endet.

Die Menschen, die eine Philosophie prägen, können natürlich sterben, jedoch bleiben die Gedankengänge und Lehren bestehen, wodurch immer wieder Wissenschaftler und auch Philosophen der Neuzeit die Gedanken aufgriffen und die Stoa bis in die Gegenwart brachten. Immer wieder gab es in der Geschichte der Menschheit Umbrüche und Systemwechsel, weswegen die Philosophie der Stoa immer aktuell war und auch heute aktueller denn je scheint.

Wie Sie also bemerkt haben, ist die Philosophie der Stoa nicht nur sehr alt, sondern hat sich über die vielen Jahrhunderte hinweg auch stets entwickelt und angepasst. Somit haben auch Religionen, wie beispielsweise das Christentum, einige Aspekte des Stoizismus übernommen und beinhalten sie noch heute. Dazu haben wir für Sie jedoch ein eigenes Kapitel vorbereitet. An Wichtigkeit haben die Gedankengänge nie verloren und sie beeinflussten darüber hinaus viele Theologen und moderne Philosophen, weswegen Sie auch in der heutigen Welt nicht vergessen, sondern eher wieder gefragt sind. Heute existieren die Denkansätze der Stoa in einer zeitgemäßen Form des sogenannten modernen Stoizismus, wobei die Zahl der Anhänger hier von Jahr zu Jahr steigt.

Dieser Umstand ist nicht verwunderlich, zwar liegt unserer Zeit keine bestehende Weltordnung zugrunde, dennoch existieren viel Unsicherheit, die Menschen zum Nachdenken über das eigene Leben anregt. Je hektischer unsere Welt wird, desto mehr sehnt sich der Mensch nach Ruhe und Gelassenheit, auf die er sich selbst berufen kann und die er selbst unter Kontrolle hat. Gerade für diese Lebenswerte ist die moderne Form der antiken Philosophie der Stoa ein geeignetes Mittel.

Natürlich ist der moderne Stoizismus auf heutige Verhältnisse und Gegebenheiten angepasst, aber das war auch die Philosophie der Stoa vor mehr als 2.000 Jahren und deshalb lohnt sich auch der kurze Blick zurück, auf Anfänge und führende Vertreter und Lehrer der alten Philosophie, um auch heute den Weg zur Gelassenheit zu finden.

WICHTIGE VERTRETER

Wie bereits erwähnt, sind es die Menschen, die Philosophien und Prinzipen prägen. Lebensweisen und Denkansätze sind einfache Konstrukte, sie existieren also nicht real, wie beispielsweise ein Stein oder Wasser, was man in die Hand nehmen oder anfassen kann. Stoische Lebensprinzipien gehören ebenso zu Konstrukten, welche erst durch die Erklärung von Menschen greifbar und vor allem anwendbar gemacht werden können. Das Mächtige an solchen Konstrukten ist, dass Ihnen diese kein Mensch auf der Welt wegnehmen kann und Sie tagtäglich aus Denkweisen schöpfen können. Das haben Sie wiederum einzelnen Menschen und speziell im Hinblick auf den Stoizismus einzelnen Menschen der Geschichte zu verdanken, welche Ihnen nun kurz vorgestellt werden.

Zenon von Kition

Wie sie bereits erfahren haben, liegt die Zeit der Entstehung der Philosophie der Stoa über 2.000 Jahre zurück und ist etwa um 300 v. Chr. zu datieren. Zenon von Kition, der etwa im Jahre 333 v. Chr. auf die Welt kam, war nicht nur der erste herausragende Vertreter dieser Philosophie, sondern auch der Begründer. Kition war damals ein eisenzeitliches Königreich auf der heutigen Mittelmeerinsel Zypern. Zunächst war Zenon von Kition als Kaufmann unterwegs und bestritt so seinen Lebensunterhalt. Ein schicksalhaftes Ereignis widerfuhr ihm, als sein eigenes Schiff im Mittelmeer sank und es ihn daraufhin in die pulsierende Metropole Athen verschlug.

Dieser Schiffbruch war ein sehr bedeutendes Ereignis in seiner Vita, aber auch in der Entstehung der Stoa und so sagte Zenon von Kition selbst über dieses Unglück, dass es die profitabelste Reise war, die er an diesem Tag begonnen hatte, denn an diesem Tage verbüßte ich mein ganzes Vermögen. In Athen angekommen, wurde Zenon von Kition an den Philosophen Krates vermittelt, welcher zu den damals bereits bekannten Kynikern gehörte. Der Kynismus war ebenfalls eine antike Philosophie, welche sich mit der Bedürfnislosigkeit und dem ethischen Skeptizismus befasste. Dieser Krates wurde schließlich sein Lehrer und Mentor, doch auch beim bekannten Philosophen Platon soll er über zwei Jahrzehnte studiert und gelernt haben. Als die Zeit reif war, begründete er schließlich seine eigene Philosophie, samt eigener Schule. Der Name der Stoa kommt letztendlich von der wohl bemalten Vorhalle auf dem Marktplatz, in der Zenon von Kition seine Lehren abgehalten und Ideen verbreitet hat. Bemalte Vorhalle bedeutet im Altgriechischen „stoa poikile". Somit nannten sich auch seine Schüler und spätere Generationen die Philosophen der Säulenhalle, also Stoiker. Nachdem sich seine Lehren verbreitet hatten, erntete Zenon von Kition viel Ruhm und erlangte ein hohes Maß an Berühmtheit, weswegen auch er selbst einen exzellenten Ruf als Lehrer inne hatte. Dieser Ruhm spiegelte sich auch bei seinem Begräbnis wider. Zenon von Kition starb im Jahre 262 v. Chr. und blieb der griechischen Bevölkerung durch ein prächtiges Begräbnis, aber vor allem durch seine umfangreichen philosophischen Werke und seinen positiven moralischen Einfluss auf die Jugend in Erinnerung.

Chrysipp von Soloi

Auf Zenon von Kition folgte als Oberhaupt der stoischen Philosophie Chrysipp von Soloi, welcher im Jahre 281 v. Chr. geboren wurde. Soloi war eine Hafenstadt in Kilikien in der heutigen Türkei. Zwischen ihm und dem Gründer Zenon von Kition war lediglich noch dessen Nachfolger Kleanthes für kurze Zeit das Oberhaupt der stoischen Schule, er war aber nicht besonders einflussreich. Chrysipp von Soloi hingegen war ein Systematiker und ein akribischer Arbeiter. Somit verfasste er Werke bis tief in die Nacht und konnte dabei stundenlang nicht unterbrochen werden. Nicht zuletzt deshalb verfasste er wohl um die 700 Werke über die stoische Philosophie, welche heute aber größtenteils verloren sind.

In einem vorherigen Kapitel haben Sie bereits einiges über die verschieden Aspekte der Stoa gelesen. Den zentralen Aspekt der Logik entwickelte maßgeblich Chrysipp von Soloi und beschäftigte sich darüber hinaus umfassend mit diesem Thema. Des Weiteren brachte er die Stoa in ein System, welches die Anwendung und das Lernen vereinfachte und einer breiten Masse zugänglich machte. Nicht immer waren und sind sich Stoiker einer Meinung und gerade im antiken Griechenland wurde die Schule immer wieder durch inhaltliche Auseinandersetzungen schwer erschüttert. Diese Auseinandersetzungen entschied Chrysipp von Soloi in seiner Zeit als Oberhaupt der Schule der Stoa erfolgreich und auch durch ihn gelang der Stoizismus zu größerer Berühmtheit, weswegen sich auch im Römischen Reich nach und nach Vertreter der stoischen Philosophie zu Wort meldeten. Somit war die Schule der Stoa unter Chrysipp von Soloi zu einem internationalen Phänomen geworden. Im Jahre 208 v. Chr. starb Chrysipp von Soloi in Frieden.

Lucius Annaeus Seneca

Lucius Annaeus Seneca war der erste populäre Vertreter, welcher nicht unbedingt mit der griechischen Antike in Verbindung gebracht wird. Geboren wurde Lucius Annaeus Seneca im Jahre 4 v. Chr. in Cordoba, welches im heutigen Spanien liegt. Zunächst übte er sich in der Theaterkunst, wo er als erfolgreicher Dramatiker emporstieg. Im weiteren Verlauf seines Lebens eignete er sich darüber hinaus ein umfangreiches Finanzverständnis an, wodurch er durch verschiedenste Aktionen zu einem der reichsten Männern im Römischen Imperium wurde.

Das sprach sich auch beim Adel Roms herum und sogar die Kaiser wurden auf Lucius Annaeus Seneca aufmerksam. So kam er auch zu seiner Rolle als Erzieher des späteren Kaisers Nero. Als Nero schließlich regierte, wurde er dann auch sein Berater, jedoch war auch er nicht vor den Wirren des Kaisers Nero gefeit und so ging Nero nicht nur als der Kaiser in die Geschichte ein, der die Stadt Rom in Flammen legte, sondern auch als Kaiser, welcher den berühmten und beliebten Lucius Annaeus Seneca unter Verschwörungsverdacht stellte. In der Zeit vor diesen Anschuldigungen lebte er jedoch ein pompöses Leben, voller Reichtum und Macht, was in der Klasse der Patrizier, also der gehobenen Klasse Roms, nicht unüblich war, und so verlebte er ein turbulentes Leben. Natürlich kann man sich nun fragen, wie genau das zur Philosophie der Stoa passt, und hierbei ist Lucius Annaeus Seneca ein gutes Beispiel, um Ihnen vor Augen zu führen, dass sich auch Reichtum gut mit der Schule der Stoa anfreunden kann. So blieb er ein konstanter Vertreter des Stoizismus und der Stoizismus blieb in seinem Leben stets aktuell. Nicht wie bei Chrysipp von Soloi geschehen, sind von Lucius Annaeus Seneca viele Schriften erhalten, weswegen er natürlich als eine herausragende Persönlichkeit der Stoa in die Geschichte eingeht, da von seinen Lehren viel überliefert wurde und somit nicht nur gehört, sondern eben auch verschriftlicht wurde. Die Steckenpferde, welche sich Lucius Annaeus Seneca über die Jahre in der Philosophie der Stoa aneignete, waren vor allem von den Themen Trauer und Krankheit geprägt. Auch mit der Furcht vor dem Tod oder der Zeitspanne des Lebens beschäftigte er sich viel und seine Schriften dienen noch heute als geeignete Quelle für das damalige stoische Denken und Leben.

Wie oben bereits erwähnt, überwarf er sich mit Kaiser Nero, der ihm eine Verschwörung gegen ihn unterstellte. Dieser befahl Lucius Annaeus Seneca im Jahre 65 n. Chr. den Selbstmord, was er auch durchführte.

Epiktet

Epiktet, von dem keine weiteren Namen überliefert sind, wurde etwa 55 n. Chr. geboren und wuchs in Phrygien auf, was in der heutigen Türkei liegt. Bereits als junger Mann wurde Epiktet versklavt und nach Rom gebracht, wo er von dort an arbeiten musste. Dabei erging es ihm nicht so schlecht wie vielen anderen Sklaven, denn er verrichtete seine Arbeit bei einem hochrangigen Beamten Roms, weswegen er nicht in der Landwirtschaft oder beim Straßenbau helfen musste, sondern seinen Dienst als Zuarbeiter am Schreibtisch absolvierte. Dies gab ihm die Möglichkeit, über Dinge und Themen nachzudenken, und auch seinen Körper konnte er so freilich schonen. Viele andere Sklaven mussten knochenharte Arbeiten auf den Feldern oder in den Steinbrüchen des Römischen Reiches verrichten, weswegen diese oft nicht sehr alt wurden. Der Vorgesetzte Epiktets, also praktisch sein Sklavenhalter und Herr, ermöglichte es ihm sogar, ein Studium der Philosophie zu beginnen, wo er sich speziell auf die Schule der Stoa konzentrierte. Im Laufe der Jahre des Studiums wurde das Verhältnis zwischen ihm und seinem Herren so gut, dass dieser ihn schließlich frei ließ und Epiktet war dann auch gedanklich dazu bereit, seine eigene Schule der Stoa zu gründen. Aufgrund des Aufstiegs, aber auch aufgrund der stoischen Inhalte erlangte die Schule Epiktets rasch große Berühmtheit in Rom und auch über die Grenzen der Stadt hinaus, weswegen es auch viele Menschen und Schüler aus dem ganzen Reich in die Hauptstadt und in die Schule Epiktets zog.

Epiktet verschriftlichte keine seiner Gedanken und Denkansätze, weswegen heute lediglich die Notizen und Mitschriften seiner Schüler überliefert sind, die jedoch als sehr gute Quelle über die Philosophie der Stoa unter Epiktet herangezogen werden können. Hierbei ist vor allem sein Schüler Arrian zu erwähnen, welcher alle seine Mitschriften zu einem gewaltigen Buch zusammenfasste. Arrian versichert in seinem Buch, dass er hierbei immer den Wortlaut seines Lehrers niederschrieb und dabei auch sehr gewissenhaft und akribisch vorging. Nicht zuletzt deshalb ist die Philosophie der Stoa in dieser Zeit sehr gut und nachvollziehbar überliefert.

Vom Sklaven zum hoch angesehenen Bürger Roms. Das konnte sich damals wahrlich nicht jeder auf die Fahnen schreiben und durch seine revolutionären Denkanstöße war Epiktet einer der führenden stoischen Lehrer seiner Zeit. Er starb im Alter von 80 Jahren glücklich und zufrieden in Nikopolis in Epirus. Diese römische Stadt lag im heutigen Südwesten der Balkanhalbinsel.

Mark Aurel

Auch Mark Aurel ist ein bekannter Vertreter der stoischen Philosophie und darüber hinaus auch noch als römischer Kaiser zwischen 161 n. Chr. und 180 n. Chr. in die Geschichtsbücher eingegangen. Geboren wurde er am 26. April im Jahre 121 n. Chr. in Rom. Von allen genannten Vertretern und Lehrern der Schule der Stoa ist er wohl in der heutigen Gesellschaft der bekannteste und der Name sagt sicher auch Menschen etwas, die noch nie etwas vom Stoizismus gehört haben. Gerade im Geschichtsunterricht ist Mark Aurel immer ein Thema und somit beschäftigen sich auch viele Historiker mit dieser Persönlichkeit. Auch deshalb ist über ihn so viel bekannt und überliefert und so sehen ihn die Historiker als letzten Kaiser der sogenannten Reihe der guten Kaiser im Römischen Reich.

Seine frühen Förderer waren Kaiser Hadrian und sein Adoptivvater Antonius Pius, welcher ebenfalls Kaiser des Römischen Reiches war und dem Mark Aurel auf den Thron folgte. Er herrschte fast zwanzig Jahre, was für die damalige Zeit eine enorme Zeitspanne darstellte und in diese Zeit fielen auch viele kriegerische Auseinandersetzungen mit Feinden des mittlerweile riesigen Reiches. Um sich selbst ständig zu hinterfragen und zu überprüfen, begann Mark Aurel sowohl in Friedenszeiten in Rom als auch in Kriegszeiten im Feldlager mit einer Art Selbstreflektion. Hierfür versuchte er, sich jeden Abend aus einer externen Perspektive zu betrachten und zu bewerten, und schrieb diese Gedanken auch nieder. Wie Sie vielleicht schon bemerkt haben, rief Mark Aurel also stoische

Grundsätze ab, um ein gewisses Maß an Rechenschaft sich selbst gegenüber abzulegen. Diese Zeilen schrieb er für kein Geschichtsbuch und auch für keinen anderen Menschen. Er notierte sich seine Eindrücke, um eine sogenannte Charakterschulung vorzunehmen und sich zu disziplinieren. Diese externe Perspektive greift auch heute noch der Stoizismus auf, wenn man sein eigenes Verhalten reflektieren und darüber hinaus schulen will. Mark Aurel war ein hervorragender Praktiker der Philosophie der Stoa.

Er war der letzte bedeutende Vertreter der jüngeren Stoa und auch seine Nachfolger im Kaiseramt waren nicht mehr so beliebt und erfolgreich wie er und infolgedessen endete auch eine lange Phase der Stabilität im Römischen Reich. Mark Aurel starb am 17. März im Jahre 180 n. Chr. in Vindobona, dem heutigen Wien, an einer unbekannten Krankheit und ging als Philosophenkaiser in die Geschichte ein.

Missverständnisse und Mythen

Wie Sie sich bestimmt bereits das eine oder andere Mal gedacht haben, erscheinen Eigenschaften und Fähigkeiten von Stoiker oder stoischen Menschen nicht immer positiv zu sein. Was positiv und was negativ erscheint, muss natürlich jeder Mensch für sich entscheiden, dennoch existieren Mythen über die Philosophie der Stoa, welche einfach nicht wahr sind, und somit kommt es nicht selten zu Missverständnissen. Um mit diesen aufzuräumen, sollten Sie die folgenden Missverständnisse verinnerlichen, um keine Debatte entstehen zu lassen. Dieses Verhältnis entsteht meist dadurch, dass die Inhalte der stoischen Philosophie in keinem Lehrplan an deutschen Schulen zu finden sind. Auch abseits der Schulen entsteht immer wieder Raum für Mythen, an denen jedoch einfach nichts dran ist.

UNTERDRÜCKUNG DER EMOTIONEN

Das erste Missverständnis im Zusammenhang mit dem Stoizismus ist, dass Stoiker ihre Ruhe dadurch erlangen und vor allem nach außen ausstrahlen, weil sie lediglich ihre Emotionen unterdrücken. Dies würde bedeuten, dass man Emotionen hat und empfindet und sich diesen auch hingibt, jedoch nach außen nicht zeigt, was wiederum bedeutet, dass Stoiker vielleicht noch ehrlich zu sich selbst sind, nicht aber zu ihrer Umwelt. Mit diesem Missverständnis wollen wir hier aufräumen.

Der Wahrheit entspricht, dass Emotionen im Stoizismus als Gefahr für die ersehnte Seelenruhe dargestellt werden. Über diese Emotionen, welche auch häufig Affekte genannt werden, haben Sie bereits erfahren und typische Vertreter sind beispielsweise Hass, Zorn oder Freude. Dass die Affekte oder Emotionen bestehen, bezweifelt kein Stoiker, jedoch muss man, um tugendhaft zu werden, seine persönlichen und individuellen Affekte durch vernünftiges Urteilen überwinden.

Die Affekte sind aufgrund dieser Tatsache noch lange keine negativen Eigenschaften oder Umstände. Gar wird davon geredet, dass Emotionen im Stoizismus als Krankheit angesehen werden, welche bekämpft werden müsste, was natürlich völliger Nonsens ist. Vielmehr sind diese Emotionen mit Symptomen zu vergleichen, die eine mögliche Krankheit anzeigen. Symptome einer Krankheit sollte man beobachten und in gewissen Fällen eindämmen, um eine Krankheit nicht zum Ausbruch kommen zu lassen. Ähnlich verhält es sich auch bei der Philosophie der Stoa und den Affekten. Diese sind praktisch Symptome, welche man bei übermäßiger Feststellung eindämmen sollte, um nicht vom rechten und vernünftigen Weg abzukommen.

Deshalb kann man sagen, dass es im Stoizismus nicht um eine Unterdrückung oder -bindung geht und erst recht nicht um ein Verbergen von Emotionen. Das Gegenteil ist nämlich der Fall und so geschieht durch die Philosophie der Stoa eher eine Art Aufmunterung, sich selbst zu erfühlen und zu erleben. Die Stoa sagt Ihnen, dass Sie Ihre eigenen Gefühle wahrnehmen und über die daraus resultierenden Folgen und auch die Ursachen der Gefühle reflektieren sollten. Somit wird Ihnen eher geschildert, wie Sie in sich hineinhören konnen, und das auch nicht ohne Grund. Durch dieses Hineinhören und die Wachsamkeit können Sie Ihre Gefühle kontrollieren und den Ursprung von Sehnsüchten analysieren. Welchen Ursprung haben etwa Gefühle von Neid in mir? Woher kommt meine Begierde nach Geld? All diese Fragen können Sie mit der Philosophie und dem Hineinhören in sich selbst beantworten.

Am Ende geht es schließlich darum, seine Gefühlen, die durch äußere Einflüsse ausgelöst werden, nicht zu vermeiden oder zu verdrängen, sondern darum, diese Gefühle zu realisieren und rational zu analysieren. Erst infolgedessen wird es Ihnen möglich sein, einer diesbezüglichen Beeinflussung zu entgehen, was natürlich nicht bedeutet – wie oben behauptet –, dass ein Stoiker keine Gefühle zulassen kann. Ganz im Gegenteil: Viele Menschen und Vertreter der stoischen Philosophie konnten ein reiches Gefühlsleben aufweisen und auch wenn Sie viele Gefühl in sich spüren, bedeutet das nicht, dass Sie diesen abschwören müssen oder nicht für die stoische Lebensweise geeignet sind. Ein Stoiker lässt sich lediglich nicht von Affekten, also auch von Emotionen und Gefühlen, leiten, manipulieren oder gar überwältigen. Es kommt im Stoizismus also nicht darauf an, was und wie sehr Sie etwas empfinden, sondern darauf, wie Sie damit umgehen und letztendlich auf Ihre Emotionen reagieren.

ASKETISCHE LEBENSWEISE

Oft hört man, dass Stoiker sich in ihren einzelnen Leben wenig gönnen und sehr hart zu sich selbst sind, sich praktisch im Verzicht üben. Schon allein aus historischer Sicht kann dieses Missverständnis nicht bestätigt werden. In einem vorangegangenen Kapitel haben Sie von den berühmtesten Vertretern der Philosophie der Stoa gelesen und einer davon war Mark Aurel, der sicher nicht arm und auch nicht asketisch lebte. Als Kaiser des Römischen Reiches konnte er sich vermutlich alles leisten, was er wollte, und hatte mit Sicherheit einen glamourösen Lebensstil.

Tatsächlich wird in der modernen Form des Stoizismus des Öfteren von einer gewissen Härte gegenüber sich selbst geredet. Diese Anwendungen finden sich auch in vielen anderen Lebensweisen und Religionen, wie beispielsweise dem Buddhismus, wieder und zugegebenermaßen neigen auch viele aktuelle Stoiker dazu, wobei diese strengen Prinzipien nachgehen und sich in stoischer Gelassenheit und Knappheit üben.

So entstand beispielsweise auch der Ausdruck der stoischen Ruhe, die vor allem der bekannte Vertreter Epiktet mit einem Satz zusammenfasste: „Schweige meistens oder sprich nur das Notwendige und das nur mit wenigen Worten." Wahr an der These der asketischen Lebensweise ist, dass die Philosophie der Stoa tatsächlich ein erhebliches Maß an Ernst und Pflichtbewusstsein voraussetzt, aber um den Weg der Seelenruhe zu finden, ist das auch nachvollziehbar.

Grundsätzlich kann man sagen, dass der Stoizismus eine totale Askese oder gar eine Selbstkasteiung oder -verletzung im höchsten Maße ablehnt. Sie haben bereits auch von der Philosophie der Kyniker gehört, bei denen eine solche Askese eher passen würde. Die Stoa ist zwar aus dieser Philosophie hervorgegangen, jedoch hat sie sich nicht umsonst zu einer neuen Lehre mit neuen Idealen entwickelt.

In der Lehre der Stoa geht es eben nicht um Leitsätze, wie beispielweise Bedürfnislosigkeit oder Genügsamkeit, diese Philosophie würde eher in Richtung des bekannten Diogenes gehen, welcher sein Leben in einer Tonne verbrachte. Dieses hohe Maß an Askese wird von keinem wichtigen Vertreter der Philosophie der Stoa je gefordert. Ganz im Gegenteil: Ein Stoiker kann durch sein Schicksal zu Reichtum, zu politscher Macht und zu Geselligkeit kommen, ohne sich zu verunreinigen. Somit kann er auch sein eigenes Leben in vollen Zügen genießen, in geselligen Runden Spaß haben oder feste Freundschaften pflegen. Das Entscheidende im Stoizismus ist lediglich, dass Ihr Gemüt und Ihr Herz nicht im Übermaß an den eben beschriebenen Sachverhalten oder Dingen hängt, und noch entscheidender ist es, in keinen Zustand der Abhängigkeit zu geraten, da Sie ansonsten die Kontrolle über Ihre Gefühle verlieren könnten.

Dennoch ist für einen Stoiker die totale Askese keine Lösung für dieses Problem, vielmehr könnte es eine gesunde Herangehensweise sein, sich ab und zu im Verzicht von Dingen zu üben. Diese Lebensweise hat sich auch in vielen anderen Denkweisen und Religionen verinnerlicht und so ist die Fastenzeit im Christentum sicher auch durch die Schule der Stoa entstanden. Sehen Sie einen phasenweisen Verzicht auf Dinge, die Sie gerne mögen, oder Umstände, an die Sie gewöhnt sind, also als eine Art Übung, mit der Sie jederzeit testen können, ob Sie von der jeweiligen Sache abhängig sind oder ob Sie stets wissen, was im Leben wirklich zählt und auf welche Dinge Sie wirklich Einfluss haben. Diese Fähigkeit kann sehr gewinnbringend und wertschöpfend für Ihr Leben sein, Askese ist das aber nicht.

EKPATHIE

Sympathie spielt in unserer Gesellschaft eine große Rolle. Bereits erste Eindrücke entscheiden meist darüber, wie Sie eine fremde Person einschätzen und was Sie über diese denken. Der Philosophie der Stoa wird häufig nachgesagt, dass sie durch Ihre ruhige und eben stoische Art eher unsympathisch, ja, sogar ekpathisch wirkt. Ekpathisch bedeutet in diesem Zusammenhang das Gegenteil von empathisch, nämlich dass sich ein Mensch nicht in die Gedanken und Situationen anderer hineinversetzen kann.

Diesen Ruf hat die Philosophie aufgrund ihrer Kontrolle über die eigenen Gefühle. Ein stoischer Mensch beschäftigt sich also sehr viel mit seinem Inneren und versucht, sich eben tugendhaft zu verhalten, wobei die Tugenden der Stoa sich nicht auf die Meinungen oder Reaktionen anderer beziehen, was zur Folge hat, dass ein stoischer Mensch schon mal in sich gekehrt leben kann. Dieses nach innen gekehrt sein hat aber wenig mit Ekpathie zu tun, da es lediglich bedeutet, dass ein stoischer Mensch sich nicht vorschnell einer Meinung der Mehrheit oder einer anderen Person anschließt, nur um sympathisch zu wirken oder keine Dissonanz zu erzeugen.

Dennoch bedeutet dieser Umstand noch lange nicht, dass Stoiker ekpathisch sind oder ihnen alles gleichgültig und egal ist. Gerade andere Meinungen und Denkweisen lehnt der Stoizismus nicht pauschal ab, er ist in vielen Bereichen sehr wohl zu Empathie fähig und wendet diese auch an. Dies lässt sich unter anderem dadurch beweisen, dass die Schule der Stoa über die Jahrhunderte immer weiterentwickelt und auf die jeweiligen Zeiten angepasst wurde und heute nicht so gelebt wird wie noch vor 2.000 Jahren. Somit berücksichtigt die Stoa durchaus andere Meinungen und Denkweisen und nimmt diese in eine sogenannte Situationsanalyse auf. Das Entscheidende im Stoizismus ist jedoch, dass man sich selbst nie von anderen Gefühlen, Meinungen und Denkweisen vorschnell vereinnahmen lässt, ohne dass man diese akribisch geprüft und reflektiert hat. Somit bewahren Sie als Stoiker Ihre Unabhängigkeit. Gerade wenn es darum geht, eine herrschende Meinung zu analysieren, lassen sich viele Menschen davon überzeugen, dass es eben die Mehrheit der Menschen um sie herum glauben und vertreten. Vor diesem Phänomen sind Sie als Stoiker frei, da Sie sehr wohl – ohne äußere Einflüsse ertragen zu müssen – eine Situationsanalyse durchführen und nach der Vernunft handeln können. Somit lassen Sie sich von einer Meinung, die eher eine Randerscheinung ist, nicht gleich abbringen und gehören nicht sofort dem sogenannten Mainstream an.

Somit kann man Stoiker nicht als Ekpathiker beschreiben, sondern eher als Menschen, denen die individuelle und eigene Integrität über allem wichtig ist und unbedingt geschützt werden muss, was natürlich noch lange nicht bedeutet, dass Sie deshalb verschlossen gegenüber allem anderen sein sollten.

KEINE POLITISCHE AKTIVITÄT

In der Politik geht es gerade heutzutage viel um Emotionen und andere manipulative Eigenschaften des Menschen, mit der Parteien ihre

Wählerschaft überzeugen. Da Emotionen oder Affekte im Stoizismus eine eher unerwünschte Rolle spielen, heißt es häufig, dass sich Stoiker der politischen Debatte entziehen und nicht politisch aktiv sind. Somit entsteht ein Bild, welches einen Stoiker als abweisend und desinteressiert an der Gesellschaft dastehen lässt. Dieser Mythos geht damit einher, dass es natürlich schwer vorzustellen ist, dass sich ein Stoiker politisch engagiert und auch aktiviert, da sein Handeln eben auf sich gerichtet ist und nicht auf das, was durch äußere Einflüsse auf ihn einströmt. Im politischen Alltag passieren ständig Dinge, die man selbst nicht unter Kontrolle hat, und darüber hinaus ist auch die Seelenruhe im politischen Diskurs ein schwieriges Ziel. Wie soll man Menschen helfen, wenn man mit der eigenen Seelenruhe beschäftigt ist und dies die höchste Maxime darstellt?

Genau diese Umstände fügen Kritiker der Stoa immer wieder an, was auf den ersten Blick auch sinnvoll und schlüssig erscheint. Geht man jedoch in der Geschichte zurück, so sind alle bekannten und berühmten Stoiker stets politisch aktiv gewesen und waren zumeist Männer des Volkes, ohne sich als elitäre Philosophen zu sehen. Als bestes Beispiel fungiert hier mit Sicherheit der Römische Kaiser Mark Aurel, welcher politische Ämter inne hatte und sich auch sozial engagierte. Sogar im Krieg pflegte er stets den Austausch mit seinen Soldaten in den Lagern.

Somit ist es weit hergeholt, zu behaupten, dass Stoiker politisch inaktiv oder zurückgezogen handeln würden, weil sie nur auf sich bezogen sind, und auch die Ethik der stoischen Schule empfiehlt ein solches Verhalten der einfachen Akzeptanz der politischen Situation in keiner Weise. Ganz im Gegenteil: Die Moral der Stoa gibt ihren Vertretern eine ganz klare Vorgabe und einen Auftrag, wie man sich in seinem Leben verhalten soll. Gerade die Tugenden spielen hierbei eine wichtige Rolle.

Die wichtigsten Tugenden haben Sie bereits kennengelernt und aufgrund dieser Existenz ist die Philosophie der Stoa auch immer an sozialem Engagement interessiert und führt dieses seit jeher durch. Laster wie beispielsweise Ungerechtigkeit oder generell unmoralisches Verhalten zählen nicht als Tugend und werden somit von der Schule der Stoa abgelehnt. Untätiges Zusehen wird in keiner Weise akzeptiert und nur ein eigenes Handeln ist durch Gerechtigkeit, Arbeitswillen oder Selbstreflexion eine Tugend. Es besteht also nur eine scheinbare Widersprüchlichkeit zwischen den eigenen Gedanken, auf die sich ein Stoiker vermehrt fokussiert, und den sozialen Dimensionen im Stoizismus. Somit gilt dies auch für eine politische Aktivität. Nur weil ein Stoiker weniger auf Emotionen und Gefühle abzielt, heißt dies noch lange nicht, dass er kein Interesse am politischen Diskurs hat.

Auch für Mark Aurel oder andere politische Vertreter der Stoa, wie beispielsweise Cato, war eine politische Aktivität Pflicht und die Lehre der Stoa auf keinen Fall eine Art Selbstzweck. Vielmehr war und ist die stoische Philosophie eine Anleitung und ein Leitfaden, der den Menschen angeben soll, wie sie zu handeln haben und wie sie sich gesellschaftlich engagieren können. Dies bedingt letztendlich genau das Gegenteil von einer politisch abgewandten Art, dies bedingt zwingend politische Aktivität.

STÄNDIGE KONTROLLE

Kontrolle und gerade die Kontrolle über sich selbst ist in der Philosophie der Stoa ein elementarer Bestandteil. Diese Aussage widerlegt bereits den folgenden Mythos, dass Stoiker immer und überall die Kontrolle haben wollen. Richtig ist natürlich, dass das Verhalten eines Stoikers immer rational sein sollte und sich an den Gegebenheiten orientiert, sich jedoch nicht beeinflussen lässt. Wichtig ist dabei, stets Herr der eigenen Gedanken, Entscheidungen und des eigenen Handelns zu sein. Dadurch können Affekte keine Bestimmung über ein Leben haben und egal, welche Emotionen, ob Wut, Trauer, Angst oder Triebe, keine kann das Leben eines Stoikers bestimmen. Durch diesen Umstand entsteht eine innerliche Kontrolle über sich selbst und nach außen hin wirkt dies natürlich ebenfalls sehr kontrolliert. Denn durch langes Überlegen oder Abwägen oder eine rationale Planung ist ein Stoiker sehr darauf bedacht, die Kontrolle zu behalten, jedoch stets über sich selbst.

Durch dieses Gefühl der inneren Kontrolle entsteht aber nicht zwingend ein gewisser Kontrollzwang nach außen hin. Gerade heute ist der Begriff Kontrolle schwer in ein negatives Licht geraten, weswegen es einmal mehr zu erörtern gilt, dass sich die Philosophie der Stoa nicht auf eine allgemeine Kontrolle beruft. Wie bereits erwähnt, ist die exakte Planung und eine ordentliche Selbstorganisation von großer Bedeutung, um seine eigene Seelenruhe zu finden, jedoch kann man diese auch erreichen, wenn man selbst die Kontrolle abgeben kann und darauf vertraut. Gerade der Stoizismus ist sehr gut geeignet, um Kontrolle abzugeben, da wichtige Lehrinhalte genau das besagen. Letztendlich hat jeder Mensch auf der Welt wenig Kontrolle über äußerliche Dinge und Beeinflussungen von außen. Alles, was also extern auf uns zukommt, können wir nicht beeinflussen, sondern lediglich darauf reagieren. Diese Aussage bestätigt, dass die Philosophie der Stoa weit davon entfernt ist, alles unter Kontrolle haben zu wollen, da sie die Unmöglichkeit dessen einsieht und damit umgeht. Letztendlich ist es eben das Schicksal, was unseren Weg bestimmt. Dieses Schicksal ist unkontrollierbar und gerade deswegen setzt sich ein Stoiker nicht damit auseinander, so verhält es sich auch mit allem anderen, was unkontrollierbar ist.

PESSIMISMUS

Sicher ist Ihnen beim Lesen dieser Zeilen über die Philosophie der Stoa auch schon aufgefallen, dass man die Lehre unter bestimmten Gesichtspunkten heute als Pessimismus bezeichnen könnte. Sagen Sie sich, dass Sie sowieso nichts, was von außen kommt, unter Kontrolle haben und deshalb alles geschehen kann und Sie werden nicht enttäuscht werden. Ganz so einfach ist es jedoch nicht. So sagte zum Beispiel Epiktet, einer der großen Vertreter der stoischen Schule, zu einem seiner Schüler: „Wir müssen aus den Dingen, die in unserer Macht stehen, das Beste machen und alles andere so nehmen, wie es ist".

Diese Worte schildern eine gewisse Machtlosigkeit über die Dinge, die um einen herum geschehen, und lassen eine widerstandslose Hinnahme vermuten. Diese Annahme wirkt meist defätistisch oder einfach pessimistisch und auch andere Fähigkeiten der stoischen Philosophie tendieren in diese Richtung. Defätistisch kann in diesem Zusammenhang auch als Mutlosigkeit oder als Schwarzseherei bezeichnet werden. Es entstand beispielsweise die Übung der negativen Visualisierung, bei der man sich den Tag vor Beginn oder am Morgen zurecht legen soll und sich dann das Schlimmste ausmalt, was passieren könnte, um seine eigenen Emotionen in den Griff zu bekommen. Zugegebenermaßen ist genau diese Übung ein geeignetes Beispiel dafür, die Philosophie der Stoa mit dem Pessimismus gleichzustellen.

Dennoch kann man im Stoizismus einige Gegebenheiten finden, welche diese Annahme widerlegen, denn Pessimismus ist es noch lange nicht, wenn man sich selbst eingesteht, dass es Dinge in den Leben der Menschen gibt, die sie nicht unter Kontrolle haben. Das Eingeständnis, dass einem das Heiligste jederzeit entrissen werden kann, ist keine Fürsprache für einen Defätismus. Nimmt man das Gegenteil eines Pessimisten, so würde man zwangsläufig über einen Optimisten sprechen.

Man muss allerdings zugeben, dass ein Stoiker auch nicht als Optimist bezeichnet werden kann, da er dann grundsätzlich davon ausgehen würde, dass alles gut laufen wird. Aber aus diesem Grund ist er auch noch lange kein Pessimist. Als Stoiker könnte man dies begründen, indem man sagt, dass alles unter einem gewissen Vorbehalt steht. Dieser Vorbehalt bedeutet, dass etwas eintritt, wenn das Schicksal es zulässt.

Mit diesem Vorbehalt ist ein Stoiker stets gut beraten und bemüht, achtsam mit dem umzugehen, was gerade aktuell ist und was man gerade hat. Denn er hat immer im Hinterkopf, dass dieses oder jenes Glück nicht von Dauer ist und auch bald wieder vorbei sein kann.

Mark Aurel, der wohl berühmteste Vertreter der stoischen Philosophie, verpackte es in folgende Worte: „Ich Unglückseliger, sagt jemand, dass mir dieses oder jenes widerfahren musste! Nicht doch! Sprich vielmehr: Wie glücklich bin ich, dass ich trotz dieses Schicksals, kummerlos bleibe, weder von der Gegenwart gebeugt noch von der Zukunft geängstigt!".

DER MYTHOS DES WEIßEN, ALTEN MANNES

Nun sind wir also beim letzten Mythos und dem letzten Missverständnis, welches häufig mit der Philosophie der Stoa in Verbindung gebracht wird, angekommen. Gerade in der heutigen Zeit und auch in Zukunft, in der die Frau eine immer gleichberechtigtere Rolle in der Gesellschaft einnimmt, ist der Mythos des weißen, alten Mannes sehr überholt. In der Hoffnung, dass Frauen und andere soziale Geschlechter noch weitere Gleichberechtigung erfahren, hat sich auch die Stoa in diese Richtung gewandelt. Natürlich ist es ein Fakt, dass alle wichtigen Vertreter der Schule der Stoa männlichen Geschlechts waren, gerade die hellenistischen und römischen Stoiker.

Auch heute behandelt man in der Schule allenfalls die Stoa des antiken Griechenlands und bringt damit lediglich die männlichen Vertreter in Verbindung, eben die alten, weißen Männer. Doch woher kommt der Gedanke, dass die Philosophie der Stoa noch heute von dieser Diskriminierung des anderen Geschlechts unterwandert ist? Zunächst ist der Grund für diese Annahme ein bereits genannter. In der antiken Welt vor 2.000 Jahren war unsere Welt ausschließlich männlich dominiert.

Zusätzlich spricht die Stoa häufig von einer gewissen Rationalität und auch von der Vernunft, welche auch heute noch oft männlichen Vertretern als Fähigkeiten zugesprochen werden. Als negativ werden in der Schule der Stoa die Affekte oder Emotionen genannt, welche damals wie auch leider heute noch eher der weiblichen Gefühlswelt zugeschrieben werden.

Diese Sicht der Dinge galt damals, heute beginnt diese Sicht glücklicherweise zu bröckeln und daher ist der moderne Stoizismus weder auf Männer noch auf Frauen zugeschnitten. Und das spiegelt auch eine aktive Praktizierung in allen Gesellschaftsgruppen wider, in der die Gruppen, die den Stoizismus leben, bunt gemischt sind. Statistisch ist das jedoch nicht eindeutig belegbar, da der Stoizismus – nicht wie in der antiken Welt – heute als keine besondere Strömung mehr gilt und somit einfach keine wissenschaftlichen Studien darüber existieren. Dennoch wird jährlich die sogenannte Stoic Week ausgetragen, was praktisch ein Event für den modernen Stoizismus darstellt. Hier ist jeder Mensch dazu eingeladen, wie ein Stoiker zu leben, ob Mann oder Frau. Eine Studie oder besser gesagt eine Befragung von mehr als 3.500 Teilnehmer*innen ergab daraufhin Folgendes:

Zwar waren Männer auf diesem Event 2018 immer noch deutlich häufiger vertreten, jedoch hat sich der Anteil der Frauen in den letzten Jahren deutlich gesteigert. 2018 bestand der Anteil an Männern aus etwa 65 %. Die meisten Teilnehmenden der Stoic Week kamen aus den USA und England. Zusammen vertraten die beiden Nationen etwas mehr als die Hälfte der Besucher*innen.

Dennoch kamen weitere Teilnehmende von der ganzen Welt und immerhin auch 4 % aus Deutschland, weswegen man zweifelsohne behaupten kann, dass der moderne Stoizismus sich auf der gesamten Erdfläche verbreitet hat. Zuletzt stimmt auch das Bild des alten Mannes nicht mehr. Zwar war der Anteil der Menschen, die über 55 Jahre alt sind, mit 21 % dennoch erhöht, jedoch war der Anteil der Menschen, die jünger als 55 Jahre alt sind, damit deutlich höher. Menschen mit einem Alter unter 18 Jahren nahmen zu 1 % teil, Menschen zwischen 18 und 35 Jahren zu 37 % und Menschen mit einem Alter zwischen 35 und 55 nahmen zu 42 % teil.

Daraus können Sie abschließend schlussfolgern, dass heutige Vertreter*innen der Philosophie der Stoa Menschen wie Sie und ich sind. Also nichts wie ran an den Stoizismus.

Stoizismus und andere Denkweisen

Viele Menschen fühlen sich von der Philosophie der Stoa angezogen und wollen sie positiv nutzen. Der daraus folgende Stoizismus macht hierbei auch vor keiner Religion halt. Dabei ist auch nichts verwerflich, da sich Philosophien und Religionen, wie beispielsweise das Christentum oder der Buddhismus, oftmals ergänzen. Und bereits in der Antike waren christliche Vordenker wie Paulus mit der Stoa im Austausch und nahmen auch viele Aspekte in ihren eigenen Glauben auf. So sind die Philosophie der Stoa und der Stoizismus unweigerlich mit den Religionen dieser Welt verbunden. Jedoch bedeutet das nicht immer ein harmonisches Zusammenleben, denn natürlich eckte die Stoa mit ihrer dezentralen Lehre auch seit jeher an. Einige Beispiele erfahren Sie in den folgenden Unterpunkten.

STOIZISMUS UND DAS CHRISTENTUM

Als das Christentum und die Philosophie der Stoa aufeinandertrafen, war praktisch von Anfang an klar, dass es grundsätzliche Unterschiede gab, so sahen sich die Christen als Glaubensgemeinschaft und Stoiker eher als Vertreter der Vernunft. Sogar in den Apostelgeschichten wird die Lehre der Stoa erwähnt und dies nicht gerade positiv, da hier beschrieben wird, dass die stoische Philosophie ein Fußfassen des Christentums mancherorts nicht gerade vereinfacht. Die Christen, die zu Beginn des ersten Jahrtausends lebten, richteten ihre Gedanken und Lebensweisen sehr auf das Jenseits und das Leben nach dem Tod aus, was für einen Stoiker, der sein Leben nach der Vernunft ausrichtet, natürlich völlig sinnlos scheint.

In der Apostelgeschichte wird von Paulus berichtet, der unter anderem von Stoikern gefangen genommen und nach seinen neuen Lehrern befragt wird. Diese Begegnung stellt die zunächst schwierige Annäherung zwischen Christentum und Stoizismus dar, jedoch wurde schnell klar, dass zwischen der Religion und der Philosophie auch Berührungspunkte bestehen. Gehen wir noch etwas weiter zurück als praktisch vor der Entstehung des christlichen Glaubens, dann herrschten über die Menschen die zahlreichen Götter. Sowohl im antiken Griechenland als auch in Rom hatten die Menschen stets Ehrfurcht oder sogar Angst vor den Göttern.

Diese Angst nahm den Menschen zum ersten Mal die Philosophie der Stoa. Ganz und gar verleugnet wurden die Götter zwar nicht, jedoch wurden sie in einer Art Paralleluniversum betrachtet, in dem sie sich nicht um die Menschen auf der Erde kümmerten. Aus diesem Grund, sagten die Stoiker, sollte sich auch kein Mensch vor dem Zorn oder der Bestrafung der Götter fürchten. Hier kann man die Parallelen zum Christentum bereits ziehen, denn auch vor dem einen Gott der Christen müssen sich die Menschen nicht fürchten, da er ein liebender Gott ist. Aus der Stoa heraus bildeten die Christen also aus den Göttern, welche in einem Paralleluniversum praktisch abwesend sind, einen liebenden Gott für die Menschen.

Ein weiterer wichtiger Punkt ist das Leben nach der Natur. Diese Natur spielt in der stoischen Philosophie eine wichtige Rolle und ist keinesfalls mit der heute genannten Umwelt zu vergleichen. Die Natur aus der Philosophie reicht viel weiter, auch wenn die Hülle und Fülle der Artenvielfalt auf unserer Erde und die wunderschönen Pflanzen die Stoa sicher geprägt haben. Keine andere Philosophie, die heute noch bekannt ist, schätzte die Pflanzen- und Tierwelt so wie die Stoa.

Die Natur wurde nicht nur kategorisiert, was bereits Aristoteles vornahm, sondern vielmehr wurde eine verbindende Haltung zwischen dieser und dem Menschen aufgebaut. Durch diese Verbundenheit waren die meisten Schulen der Stoa stets mit einem Garten versehen und die Lehren wurden meistens in Gärten vermittelt. Hier kann man bereits eine kleine Ähnlichkeit zur christlichen Religion erkennen, denn auch hier beginnt alles in einem Garten, dem Garten Eden, und spiegelt sich in der Wahrung der Schöpfung wider.

Die Ethik wurde bereits als eines der zentralen Merkmale der Stoa genannt und stellt darüber hinaus auch die offensichtlichste Bindung zwischen ihr und dem Christentum dar. Die Ethik beider besagt eine hohe Relevanz von Bescheidenheit und relativiert materielle Dinge wie beispielsweise Erfolg, Ruhm oder auch Umstände wie die Gesundheit. In der Bergpredigt wird dies in der Bibel deutlich und genau das, was dort gesagt wird, könnte ebenso aus den Schriften großer Vertreter der Stoa vorgelesen werden. Somit treffen Christentum und Stoa nicht immer nur konträr aufeinander, sondern ergänzen sich auch in vielerlei Hinsicht. Nicht zu verleugnen ist deshalb sicherlich eine leichte Übernahme von diversen Inhalten auf beiden Seiten.

Im weiteren Verlauf der Zeit und der Menschheitsgeschichte spielt auch Franz von Assisi in der Verbindung des Christentums und der Stoa eine wichtige Rolle. 1980 wurde er von Papst Johannes Paul II. heiliggesprochen und sogar als Patron der Umweltschützer ernannt. In diesen 80er Jahren des 20. Jahrhunderts lebten Umweltschützer und Christen gleichermaßen stoische Genügsamkeit und christliche Aufbruchsstimmung. Vor allem der immer größer werdende Konsum in Verbindung mit der Reaktorkatastrophe von Tschernobyl waren Auslöser einer Lebensweise des Verzichts und des naturgemäßen Bewusstseins.

Franz von Assisi lebte freilich früher, doch kann er praktisch als Vermittlungsperson zwischen Christentum und Philosophie der Stoa bezeichnet werden. Er verbindet die Ideale von Genügsamkeit, Freundschaft und Natur. Diesen Gefühlen verleiht er durch seinen

Sonnengesang Ausdruck, welcher zu einem musikalischen Bindeglied wurde. Darin geht es um die Vielfalt Gottes in der Welt der Pflanzen, der Gestirne und noch vielen anderen Bereichen, welche die Schule der Stoa zwar als Vernunft betiteln würden, jedoch mit ähnlichen Inhalten.

Sie sehen also, sogar eine heutige Weltreligion hat einiges mit der Philosophie der Stoa gemeinsam und möglicherweise auch einige Inhalte übernommen. Für die heutige Zeit bedeutet das, dass beide Denkweisen miteinander vereinbar sind und gemeinsam ausgelebt werden können.

STOIZISMUS UND EPIKUREISMUS

Was der Stoizismus ist, wurde nun bereits ausführlich erklärt und Sie wissen soweit Bescheid, jedoch ist der Begriff des Epikureismus der breiten Masse und möglicherweise auch Ihnen eher unbekannt. Deshalb zunächst eine kurze Erläuterung, um was es sich dabei handelt. Die Bezeichnung entstand aus dem Namen des Gründers, welcher Epikur von Samos war und etwa 341 v. Chr. auf der Insel geboren wurde. Als Epikur 30 Jahre alt war, kam er nach Athen und fing dort an, seine Lehren bis zu seinem Tod 271 v. Chr. zu verbreiten und vorzutragen.

Dabei stellte er sich ins Rampenlicht der Inhalte und wurde nicht zuletzt deshalb von seinen Schülern als gottähnliche Person verehrt. In Schulen herrschten beinahe diktatorische Verhältnisse und so mussten die Schüler schwören, Epikur zu gehorchen und seine Schriften, die sogenannten Katechismen, zusammenzufassen und auswendig zu lernen. Durch diese personenbezogene Ausrichtung hat sich der Epikureismus nie wirklich verändert oder gewandelt, was in der Philosophie der Stoa aufgrund der verschiedenen Epochen und Vertreter definitiv geschah, womit auch der erste Unterschied erläutert wäre.

Dennoch bestehen zwischen beiden Lehren auch Gemeinsamkeiten und so geht auch der Epikureismus davon aus, dass alles, was an materiellem Wert besessen wird, letztendlich nutzlos für ein Seelenheil ist. Jedoch leugnet Epikur die Existenz der Vernunft oder besser gesagt, dass alle falschen Wertungen durch die Vernunft beseitigt werden können. Er spricht davon, dass es unvermeidbar ist, eine Wertung abzugeben, und man sich davon auch nicht befreien kann. Die Gefühle der Lust und der Unlust sind für Epikur also nicht wegzudenken.

Letztendlich kann man sagen, dass beide Denkweisen und Philosophien ein gleiches Interesse haben, denn es geht sowohl den Epikureern als auch den Stoikern darum, alles Unverfügbare zu entwerten. Sie gehen beide davon aus, dass es jedem Menschen möglich ist, falsche Wertvorstellungen abzulegen und sich von diesen zu befreien. Jedoch beginnen die beiden Philosophien mit unterschiedlichen Grundannahmen und setzen sich dadurch verschiedene Voraussetzungen.

Wie Sie bereits erfahren haben, denkt ein Stoiker folgendermaßen: Die Entwertung alles Unverfügbaren ist nur möglich, indem die sittliche Vernunft über die Triebe der Menschen herrscht und diese somit kontrolliert. Natürlich ist dies ein schwieriger Weg und wird häufig als unrealistisch beschrieben, da es fast unmöglich scheint, sich frei von natürlichen Trieben zu machen. Etwas realistischer sehen die Grundannahme die Epikureer: Sie lehren, dass der Mensch unumgänglich von Trieben umgeben ist und dass es sogenannte unvermeidbare Wertungen gibt, von denen sich ein Mensch in keiner Weise befreien kann. Sie leugnen die Vernunft nicht unbedingt total, jedoch hilft diese im Falle der unvermeidbaren Wertungen nicht, da Gefühle der Lust und der Unlust für einen Menschen einfach nicht zu unterdrücken sind.

Auch in Bezug auf das Streben nach einem Leben in totaler Glückseligkeit sind sich Stoiker und Epikureer einig, doch auch hier schlagen sie unterschiedliche Wege beim Erreichen dieses Ziels ein. In der stoischen

Philosophie sollte man im absoluten Einklang mit sich selbst leben, um diese Glückseligkeit zu erreichen. Dieser Einklang wird durch das Wollen und das Können ausgedrückt, welche stets in Ausgeglichenheit vorherrschen müssen. Vereinfacht bedeutet das, dass Sie sich als Stoiker stets nur die Ziele setzen sollten, bei denen Sie sich sicher sein können, diese auch zu erreichen. Nur durch dieses Erreichen kann echtes Glück eintreten. Wie oben bereits beschrieben, spielt der Zustand der Lust eine wichtige Rolle bei den Epikureern. Ist ein Mensch frei von Unlust, so hat er die Glückseligkeit erreicht. Die Vernunft zur Erreichung der Glückseligkeit schließt Epikur in seinen Lehren vollkommen aus, da die Gefühle der Lust oder auch der Unlust eine Wertung besitzen, die jeder Mensch vollzieht und nicht davor gefeit ist.

Somit haben Sie nun – nach einem Vergleich der Stoa mit einer Religion – auch einen Vergleich zwischen zwei Philosophien erhalten und können auch hier sehen, welche Verbindungen geschaffen werden. Natürlich ist dies auch dem zeitlichen Zusammenhang der Entstehungen beider Denkweisen geschuldet. Dennoch können Sie dadurch Ihre Parallelen in die heutige Zeit ziehen, denn auch heutzutage nehmen viele Denkweisen und Lehren Gegenstände anderer Lehren auf. Durch die einmalige Ausrichtung und Anlegung des Stoizismus überdauert dieser bis heute und ist stets anpassungsfähig geblieben.

STOIZISMUS UND BUDDHISMUS

Wenn Sie sich mit dem Buddhismus auseinandergesetzt haben, dann kommen Ihnen mit Sicherheit manche Aspekte aus dem Stoizismus bekannt vor. Nicht umsonst nennt man die Philosophie der Stoa auch Dharma des Westens. Dharma bedeutet im Buddhismus, dass es gewisse Gesetzmäßigkeiten, Rechte, Sitten und ethische Verpflichtungen gibt. Ethische Verpflichtungen kennen wir mittlerweile auch aus dem Stoizismus.

Auch der Buddhismus hat heutzutage viel junge und neue Anhänger in Westeuropa. Die Weisheitslehren fallen hierzulande auf fruchtbaren Boden. In einer hektischen Welt, in der zwar eine Religion besteht, um Werte festzulegen, aber welche durch eine erhebliche Institutionalisierung gerade für junge Menschen sehr unattraktiv geworden ist, ist es oftmals schwierig, einen Sinn im Leben zu finden. Erst recht, wenn heute jeder Mensch davon spricht, dass man den tieferen Sinn des Lebens erforschen soll und dadurch einen Halt im Leben findet. So kommt sicher nicht jeder Mensch, aber eine hohe Anzahl irgendwann im Leben an den Punkt, an dem er sich fragt, was eigentlich der Sinn seines eigenen Lebens ist. Stellt man sich dieser Frage, so kommt man schnell auf die Antwort, dass sich fast alles um die Arbeit, Schlaf und sonstige Dinge dreht, welche immer in einer bestimmten Abfolge geschehen. Die Frage nach dem Glück des Lebens wurde in diesem Zusammenhang bereits des Öfteren aufgegriffen und wird zwar in Religionen behandelt, jedoch scheinen die östlichen Lehren passendere Anhaltspunkte zu geben. Viele Menschen sehen im Buddhismus eben keine Religion, sondern eher eine Lebensphilosophie, womit wir an der Stoa anknüpfen können.

Auch in der Philosophie der Stoa existiert die Problematik, welche auch Buddha in seinen Lehren beschreibt. Dies eint auch die Stoa und den Epikureismus. Zusätzlich eint die Stoa und den Buddhismus, dass beide Lebensphilosophien auch an denselben Lösungen arbeiten. In den Lehren Buddhas wird oft von einem Arzt gesprochen, welcher den Dharma als Medizin zur Leidlinderung bringt, und auch in der Philosophie der Stoa sind ähnliche Vergleiche genannt, wenn zum Beispiel Cicero von der Medizin der Seele sprach. Im Buddhismus wie in der Stoa ist das Ziel des Lebens eine gewisse Leidfreiheit, wie auch immer man sie ausdrücken möchte. Dabei erklärt Buddha, dass diese nur erreicht werden kann, wenn man eine grundsätzliche Unbeständigkeit und eine Vergänglichkeit akzeptiert.

Heraklit von Ephesos, ein weiterer Vertreter der Stoa, fasst diese Schilderung in zwei Worte zusammen: „Alles fließt“. Weiterhin ähneln tun sich auch Aussagen, wie beispielsweise „Memento Mori“, denn im Buddhismus wird auch eine Art innere Einstellung gelehrt, welche besagt, dass ein Mensch stets im Hier und Jetzt leben sollte, um seinen Seelenfrieden zu finden. Von Mark Aurel haben Sie bereits in einem früheren Kapitel erfahren. Er beschreibt das Hier und Jetzt – im Lateinischen hic et nunc – in seinen berühmten Selbstbetrachtungen als Kernelement der stoischen Philosophie und bis heute findet dieser Leitsatz auch in der buddhistischen Anwendung Platz.

Beispielsweise versucht man sich daran in der sogenannten Vipassana-Meditation. Mit den Mythen der Stoa haben wir bereits aufgeräumt und somit auch damit, dass Stoiker asketisch leben würden. Haben Sie sich jedoch mit dem Lebensweg Buddhas beschäftigt, so wird Ihnen auffallen, dass dieser sehr wohl Askese als ein Heilmittel sah. Lesen Sie die Geschichten jedoch genauer, so erlangt Buddha erst die Erleuchtung, als er das sinnlose Hungern und die Selbstkasteiung beendete. Dies bedeutete jedoch nicht, dass Buddha sich nun der Genusssucht hingab, sondern er befand den Mittelweg zwischen Kasteiung und Genusssucht als Weg der Erleuchtung. Daraus entstand der mittlere Weg des Buddhismus, welcher für viele Menschen auch heutzutage sehr einleuchtend und vor allem auch praktisch umsetzbar erscheint. Auch der Stoiker Seneca beschreibt eine Art mittleren Weg mit folgendem Zitat:

„Unser Prinzip ist das naturgemäße Leben; aber seinen Leib quälen, einfache Sauberkeit zu verachten, den Schmutz aufsuchen, nicht nur geringe, sondern selbst ekelhafte, abscheuliche Nahrung zu sich zu nehmen, das ist naturwidrig. Wie es Üppigkeit ist, Delikatessen zu verlangen, so ist es Wahnsinn, gewöhnliche und wohlfeile Nahrungsmittel zu verschmähen. Genügsamkeit verlangt die Philosophie, nicht Selbstqual; Genügsamkeit aber und Gepflegtheit sind ganz wohl vereinbar. Die richtige Mitte gefällt mir; zwischen der strengeren Sitte und dem Leben der Menge müssen wir den Mittelweg gehen."

Abschließend kann man sicher sagen, dass in Anbetracht der unterschiedlichen Entwicklungszeiträume und auch der unterschiedlichen territorialen Räume der Buddhismus am meisten mit der Philosophie der Stoa gemein hat. In der Entstehung hatten beide Lebensphilosophien praktisch keine Beeinflussungsmöglichkeiten aufeinander und haben dennoch bemerkenswerte Parallelen.

Stoizismus im Alltag anwenden

Nun geht es so langsam ans Eingemachte und Sie werden von Kapitel zu Kapitel immer mehr zum Fachmann oder zur Fachfrau, wenn es um eine gelingende Lebensweise im Rahmen des Stoizismus geht. Um eine Anwendung zu ermöglichen, müssen Sie sich darüber bewusst werden, in welchen Zeiten Sie von Ihrem äußeren Umfeld beeinflusst werden. Sehr schnell werden Sie auf die Lösung kommen und bemerken, dass Sie eigentlich ständig äußeren Einflüssen ausgesetzt sind und mit diesen umgehen müssen. Hier kann Ihnen die Philosophie der Stoa erheblich helfen.

Um es Ihnen leichter zu machen, haben wir Ihren Alltag in den beruflichen und den privaten Sektor unterteilt, da hier und da einfach andere Maßnahmen getroffen werden müssen und auch anders wirken. Erfahren Sie nun zum ersten Mal, wie Sie stoische Verhaltensweisen effizient und zielgerichtet einsetzen können und daraufhin auch profitieren werden.

BERUF

Gerade im Beruf erforschen viele Menschen die Möglichkeiten, wie sie den Stress oder die Organisation besser händeln können. Der Stoizismus bringt hier viele positive Aspekte mit sich, weswegen er nicht nur im privaten, sondern auch im beruflichen Alltag immer populärer wird. Vor allem, wenn Sie auf Ihrer Arbeit stets einen kühlen Kopf bewahren müssen und sich auf keinen Fall überrumpeln lassen möchten, ist es wichtig, ausreichend Übung und Mittel zur Verfügung zu haben, um negative Ereignisse abzuwenden. Das rationale und determinierte Denken ist hierfür ein probates Mittel, welches im Stoizismus gelehrt wird, und objektiv betrachtet scheint vor allem das rationale Denken eigentlich gar nicht so schwer, jedoch waren sicher auch Sie bereits in Situationen, in denen Ihnen fast der Kragen geplatzt wäre. Und genau in diesen Situationen kommt es darauf an, die sogenannte stoische Ruhe zu behalten und die Situation rational zu bewerten, was anfangs eventuell noch etwas abstrakt klingen mag.

Zunächst sollten Sie sich die Frage stellen, warum Sie in der einen oder anderen Situation emotional ausbrechen und alles aus sich herauslassen müssen. Eigentlich ist es egal, ob Sie sie herauslassen oder in sich behalten, der Ursprung der Wut oder anderer Emotionen ist der entscheidende Faktor und macht Sie in den angesprochenen Fällen unglücklich oder ärgerlich, jedenfalls stimmen Sie diese Emotionen nicht gerade glücklich. Versuchen Sie also, sich in Ihrem Arbeitsalltag auf Dinge und Umstände einzustellen, die Sie nicht beeinflussen können, um genau diese Emotionen nicht aufkommen zu lassen.

Das bedeutet noch lange nicht, dass Sie von sich nichts erwarten oder gerade beruflich keine großen Erwartungen an Ihre Karriere haben brauchen. Vor allem im Bereich der beruflichen Karriere kann der Stoizismus enorm weiterhelfen und Ihnen den richtige Weg weisen. Hierfür wird meist die sogenannte „Therapie der Leidenschaft“ beschrieben, welche jedoch eher ein Phänomen der Neuzeit ist und nicht von den wichtigen Vertretern aus antiken Zeiten stammt. Diese „Therapie der Leidenschaft“ versucht, Ihre Emotionen in den Griff zu bekommen, da diese in der Philosophie der Stoa einfach als enorme Schwäche tituliert werden. Emotionen sind besonders negativ zu bewerten, wenn sie zusätzlich zu ihrer Existenz in Ihnen auch noch Ihr Verhalten verstärkt beeinflussen. Falls dieser Zustand bei Ihnen der Fall ist, so sagen Stoiker, dass es dann unmöglich sei, in der eigenen Karriere voranzukommen. Deshalb ist es wichtig, dass Sie Ihr emotionales Denken umstellen.

Emotionen werden häufig als innerer Wolf beschrieben, welchen man sich als extrem kraftvoll vorstellen muss. Diese Kraft entwickelt der innere Wolf jedoch nur, wenn Sie ihm einen gewissen Bewegungsspielraum lassen. Durch diesen Spielraum hat der Wolf schließlich die Macht über Sie und kann Sie in beliebige Richtungen wenden und leiten, wodurch Ihre Emotionen für Sie unberechenbar werden, was für Ihre Arbeitswelt sicher nicht von Vorteil ist. Emotionen aktivieren sozusagen eine Handlung und geben hierbei eine Tendenz vor. Durch die Emotionen in Ihnen geben Sie Ihrem inneren Wolf die Macht, wenn er wütend ist, und folgen dann blind dieser Handlungstendenz.

Ihr Ziel muss es also sein, dieser Handlungstendenz, der Vorgabe Ihres inneren Wolfes, nicht zu folgen. Dieses Ziel können Sie durch stetes Training erreichen und somit in stoischer Ruhe handeln. Erreichen Sie Ihr Ziel, können Sie sogar dann in stoischer Ruhe handeln, wenn Sie wütend sind, ohne die Emotionen unterdrücken zu müssen. Zugegeben, das klingt sehr abstrakt, aber es ist möglich. Dies ist natürlich nur ein Beispiel und so können Sie auch in einer ängstlichen Situation sein, jedoch mutig handeln. Seien Sie sich dafür der Emotionen in sich bewusst, aber lassen Sie sich nicht von ihnen überwältigen, um immer Herr und Frau der Lage zu sein. Welche Übungen hierfür genau existieren, erfahren Sie in einem weiteren Kapitel, welches sich ausschließlich mit den Übungen stoischer Philosophie beschäftigt. Hektik entsteht heutzutage zwar überall, jedoch vermehrt in einem Kontext der Arbeit und der geringen Zeit. Nicht zuletzt deshalb bringt die Philosophie der Stoa viele geeignete Ansätze, um sich selbst gerecht zu werden und sich nicht von Emotionen und Gefühlen übermannen zu lassen.

Viele Punkte gelten dennoch auch für den privaten Bereich und können auch hier Anwendung finden. Schließlich ist beispielsweise Stress oder Unzufriedenheit nicht auf gewisse Stunden am Tag begrenzt und somit immer ein Problem.

PRIVAT

Sowohl privat als auch beruflich ist Gelassenheit ein guter Helfer, um Herausforderungen gelingen zu lassen. Glück und Zufriedenheit folgen automatisch und sind auch Lebensziele des Stoizismus. Das Einzige, was diesem Ziel im Wege steht, sind die eigenen Gefühle und vor allem die Faktoren, die einen von außen treffen und Emotionen in Wallung geraten lassen. Ihnen muss bewusst sein, dass Sie äußere Faktoren nicht im Griff haben können, jedoch haben Sie deren Einfluss auf sich selbst im Griff und können somit handeln.

Gerade im beruflichen Umfeld ist man oft als Einzelkämpfer unterwegs und muss stets performen. Sowohl im Sport als auch in der Politik ist eine solche Eigenschaft gefordert und wird häufig von vornherein verlangt. Auch in den Bereichen Wirtschaft und generell in der Öffentlichkeit wird man damit konfrontiert. In diesen Sparten ist der Leistungsdruck meist einfach sehr viel höher und erst durch diese Entwicklung ist die Philosophie der Stoa wieder modern geworden.

Auch im privaten Umfeld können unerwünschte Emotionen jedoch unseren Alltag erschweren und uns unglücklich machen. In der modernen Welt wurde aus der Philosophie der Stoa ein sogenanntes Biohacking entwickelt, welches sich stets auf den Stoizismus bezieht und auch viele Inhalte aufgreift, wie beispielsweise das Streben nach dem Optimalen. Danach kann jeder Mensch das Optimum aus seinem eigenen Alltag herausholen, ob beruflich oder privat. Ein zentraler Ansatzpunkt des Biohackings sind ebenfalls die äußeren Faktoren, die Ihr Leben erschweren und gar zunichtemachen können, und gerade die gilt es, einschätzen zu können. Der Stoizismus vermittelt hier die Logik und den Verstand, den Menschen nutzen müssen, um praktisch über den Dingen zu stehen. Emotionen können nur damit im Griff gehalten werden und nur so kann ein Mensch die Kontrolle über sich und die Freiheit gewinnen. Das

Biohacking beschreibt in diesem Sinne vier Grundsätze, welche Sie täglich üben sollten.

Zunächst wird die Weisheit beschrieben, welche Sie bereits kennen. Hierbei liegt der Fokus darauf, dass man nur durch die Weisheit Situationen erkennen und unabhängig bewerten kann. Nur so können Ihre Emotionen nichts in Ihnen anrichten oder Sie gar leiten und voreilige Schlüsse ziehen. Weiterhin nennt das Biohacking den Grundsatz der Courage. Möchte man diesen Begriff mit besser definierten Worten beschreiben, so würde man wahrscheinlich Mut, Unerschrockenheit oder Beherztheit heranziehen. Seien Sie also beherzt und handeln Sie nach Ihren Überzeugungen, lassen Sie sich jedoch auch von neuen Denkansätzen und Ideen überzeugen, wenn Sie Ihnen logisch erscheinen.

Der dritte Grundsatz ist das Temperament, welches Sie unbedingt im Griff haben sollten. Durch ein lebendiges und nervöses Temperament reagieren Sie automatisch emotional und denken dadurch häufig nicht logisch, was wiederum zur Folge hat, dass sich die Wahrscheinlichkeit von Fehlern erhöht. Es ist natürlich äußerst schwierig, eine aufkommende Wut zurückzuhalten, dennoch müssen Sie sich stets bewusst machen, dass diese Wut lediglich aufkommt, weil in diesem Moment ein Einfluss auf Sie wirkt.

Diesen haben Sie natürlich nicht unter Kontrolle, weswegen in solchen Situationen das kurze Innehalten eine geeignete Übung darstellt. Schnaufen Sie kurz durch und versuchen Sie dann, weiter zu verfahren, mit ein wenig Gelassenheit. Der letzte Grundsatz der Biohacker ist die Gerechtigkeit. Auch diese wird in den Schriften der Stoiker häufig erwähnt. Dabei ist es wichtig, zu bemerken, dass hiermit keine Selbstjustiz gemeint ist, sondern vielmehr eine angemessene Behandlung des Gegenübers. Konkret bedeutet das, dass Sie Ihr Gegenüber stets so behandeln sollten, wie Sie selbst auch behandelt werden wollen. Somit können

Sie für sich sagen, dass Sie niemals einen Menschen unrecht behandeln würden, auch wenn Sie selbst ungerecht behandelt werden.

Nun, von heute auf morgen wird es sicher nicht möglich sein, ein Stoiker zu werden, und es stellt definitiv harte Arbeit dar. Eine stete Fokussierung der Dinge kann sehr anstrengend sein. Deshalb sollten Sie sich vor allem Zeit geben, um Schritt für Schritt weitere Erfolge zu feiern und immer wieder zusätzliche Übungen anzuwenden. Ein erster wichtiger Schritt in diesem Prozess ist es, dass Sie sich zunächst einmal hinsetzen und sich vorstellen, was Sie in Ihrem Leben wirklich verändern können und vor allem auch wollen, denn Sie müssen schließlich für den Beginn bereit sein. Lassen Sie sich hierbei nicht zu sehr von dem Blick in die Zukunft leiten, sondern versuchen Sie, im Hier und Jetzt zu leben und jetzt zu entscheiden, was Sie ändern können. Nur so können Sie ganz automatisch auch die Zukunft beeinflussen. Ein eingängiges Beispiel ist immer das vom Sport und dem eigenen Körpergewicht. Jetzt in diesem Moment könnten Sie zum Sport gehen, um einen Grundstein für ein zukünftiges Idealgewicht zu legen. Wie die Stoa auch schon beschreibt, ist der Einfluss auf Ihr persönliches Seelenleben ein wichtiger Faktor. Das Seelenleben könnte man mit der Emotion beschreiben, welche in einem bestimmten Moment oder auch gerade eben in Ihrem Inneren vorherrscht, und mit allem, was in Ihnen ist, und dadurch können Sie es auch beeinflussen. Epiktet sag dazu: „Es sind nicht die Dinge, die uns beunruhigen, sondern die Meinungen, die wir von den Dingen haben".

Um mit den Übungen hierfür zu beginnen, beschreibt das Biohacking drei Grundübungen, die im weiteren Verlauf des Buches natürlich noch durch diverse Übungen ergänzt werden.

Zunächst sollten Sie das Fasten ausprobieren und sich in diesem Zusammenhang auf wesentliche Dinge konzentrieren. Gerade außerhalb der Arbeitsstelle ist dies gut umsetzbar, da Sie sich hier meist die Zeit nehmen können. Unter Fasten verstehen die meisten Menschen heutzutage den Verzicht auf Nahrung oder auf bestimmte Teile der Nahrung, die man gern isst. Auch im Stoizismus wird das Fasten von Seneca aufgegriffen, jedoch beschreibt er es auch über den Verzicht auf Nahrungsmittel hinaus. Fasten kann auch bedeuten, auf materielle Dinge und Gegenstände des Alltags zu verzichten. Als populärstes Beispiel lässt sich hierfür sicherlich das Smartphone nennen, was für viele Menschen heutzutage regelrecht zu einem Suchtmittel geworden ist.

Durch den Prozess des Fastens können Sie die Dinge, die Ihnen im Leben und im Alltag wirklich wichtig sind, klarer erkennen und sind nicht so sehr von äußerlichen Faktoren beeinflusst. Auch ein Auto, Strom oder Wasser sind zu solch selbstverständlichen Dingen geworden, die man durchaus für eine Zeit fasten könnte. Durch ein stetes Fasten trainieren Sie sich selbst darin, unabhängiger zu werden und gewisse Ängste zu vernichten.

Eine weitere Vorübung stellt das sogenannte Wahrnehmungstraining dar. Heutzutage werden wir Menschen mit Informationen überflutet, was die Wahrnehmung der wirklich wichtigen Dinge erschwert. Dabei können die jeweiligen Informationen jedoch auch helfen. Interessieren Sie sich beispielsweise für ein Thema, so können Sie durch das Fernsehen, durch das Internet oder durch verschiedenste Telefonate und auch andere Plattformen Informationen dazu einholen. Sie können Dinge somit also sehr objektiv bewerten und Ihre Wahrnehmung für das eine oder andere schärfen. Werden Sie sich jedoch bewusst darüber, was Gedanken, Meinungen oder Gefühle sind, und schlussfolgern Sie stets logisch.

Zuletzt existiert noch die Übung, sich daran zu erinnern, was vergänglich ist. Der Leitspruch „Memento Mori" beschreibt dies wohl am besten. Machen Sie sich bewusst, dass vor allem das Leben stets vergänglich sein kann und somit auch Sie jederzeit sterben können. Dieser Gedanke hilft Ihnen dabei, sich in Ihrem Leben Prioritäten zu setzen und sich auf die wirklich wichtigen Dinge zu konzentrieren. Durch diese Konzentration können Sie lernen, Sorgen und negative Emotionen nicht an sich herankommen zu lassen, da Sie diese als nicht relevant erachten. Somit verschwenden Sie auch keine Zeit mehr für Dinge und Ängste, die ein Glücklichsein beeinflussen und möglicherweise zunichtemachen.

Diese Übungen werden in einem weiteren Kapitel dieses Buches noch erweitert und Sie werden eine Fülle an praktischen Tipps für Ihren Alltag kennenlernen, denn schließlich wollen auch wir, dass Sie zum Stoiker werden können.

Wie werde ich zum Stoiker?

Sie kennen nun alltägliche Situationen, in denen Ihnen der Stoizismus weiterhelfen kann. Im weiteren Verlauf des Buches werden Sie auch noch einige Übungen kennen lernen, wie Sie diese Ausgeglichenheit an den Tag legen können.

Ihr langfristiges Ziel ist es jedoch, auf etwaige Übungen verzichten zu können, da Sie ein rundum stoischer Mensch geworden sind, in allen positiven Sinnen, die Sie sich vorstellen können. Gerade deshalb ist es enorm wichtig, dass Sie versuchen, eine stoische Geisteshaltung zu entwickeln, bei der Sie über Handlungen gar nicht mehr groß nachdenken müssen. Diese Geisteshaltung kann dann als Ihre grundsätzliche Lebensweise betrachtet werden.

ENTWICKLUNG EINER STOISCHEN GEISTESHALTUNG

Um eine stoische Geisteshaltung zu entwickeln, nennen wir Ihnen fünf Herangehensweisen, wie Sie dies erreichen können. Diese stellen sozusagen fünf aufeinanderfolgende Schritte dar, welche Sie beachten sollten, denn nichts ist an einer stoischen Lebensweise wichtiger, als die korrekte Geisteshaltung einzunehmen und nach dieser zu leben. Erst wenn diese erreicht ist, können Sie stoische Merkmale und Lebensweisen auch in Ihrem Alltag und auf Ihr Leben anwenden und darüber hinaus noch unterstützen und auf sich achten.

Im ersten entscheidenden Schritt geht es darum, dass Sie akzeptieren sollten, was Sie nicht ändern können. Dazu gehören beispielsweise Naturkatastrophen oder andere Ereignisse auf der Welt, die Sie nicht kontrollieren können. Versuchen Sie, zu verinnerlichen, dass Sie sich wegen solcher Ereignisse, die Sie nicht beeinflussen können, nicht verrückt machen lassen. Wohl aber können Sie Ihre Denkweise auf Dinge und eben auch auf solche Weltereignisse oder Naturkatastrophen beeinflussen. Darauf sollte auch Ihr Hauptaugenmerk liegen. Wie Sie die Dinge beurteilen, liegt also in Ihren Händen. Um dieses Beispiel etwas klarer zu gestalten, denken Sie einmal an ein Tennisspiel. Die Stärke und die jeweiligen Fertigkeiten Ihres Gegners können Sie nicht beeinflussen, sie sind da, ob Sie wollen oder nicht. Auch Schiedsrichterentscheidungen oder natürliche Einflüsse, wie beispielsweise der Wind, können gegen Sie sein. Egal, was Sie tun werden, solche Umstände werden Sie nicht beeinflussen können. Nun jedoch die gute Nachricht: Wie viel Sie im Vorfeld des Spiels trainieren oder wie ausgeruht Sie zum Spiel antreten, liegt in Ihrer Verantwortung und auch in Ihrer Macht und genau auf das können Sie Einfluss nehmen.

Der zweite wichtige Schritt ist das Nachdenken vor einer Tat. Hier ist nicht nur eine ausführende Handlung gemeint, sondern auch das Sprechen und das emotionale Reagieren. Stets sollten Sie jeglichen Ausdruck nach außen reflektieren und vorher darüber nachdenken. Dies geschieht meist in Bruchteilen von Sekunden, weswegen Sie sich dafür unbedingt in Selbstwahrnehmung und Selbstkontrolle üben sollten, um an Ihr Ziel zu kommen. Ziehen Sie hierbei jedoch keine falschen Schlussfolgerungen, denn eine stoische Lebensweise bedeutet nicht, dass Sie gar nicht mehr sprechen sollten. Lediglich das Nach- und Überdenken vor dem Sprechen ist eine wichtige Fähigkeit, um Dinge nüchtern zu behandeln und stoisch zu leben.

Auch hierfür haben wir für Sie ein Beispiel zur Verdeutlichung formuliert. Versetzen Sie sich in die Situation, dass Sie jemand beleidigt hat. Versuchen Sie im Anschluss, diese Person nicht ebenfalls sinnlos zu beleidigen und einen Kampf der Emotionen zu entfachen. Nehmen Sie sich stattdessen eine kurze Zeit und reflektieren Sie die Aussage. Überlegen

Sie sich dann, was an der Aussage wahr sein könnte und wie Sie sich selbst verbessern können. Dies lässt Sie über den Dingen stehen, auch wenn es sicher das eine oder andere Mal vorkommen kann, dass in einer Beleidigung keine verbesserungswürdige Kritik beinhaltet ist. Wenn Sie dennoch merken, dass Sie nach einer solchen Aussage wütend und emotional werden, stellen Sie sich in genau dieser Situation eine angenehme Umgebung vor oder singen Sie sich selbst in Ihrem Kopf ein Lied vor. Weiterhin können Sie zu sich selbst ein stoisches Mantra sagen, wie beispielsweise: „Was man zu mir sagt, liegt nicht in meiner Macht, also geht es mich auch nichts an". So können Sie Ihre Emotionen abbauen, ohne sie nach außen dringen zu lassen. Mit der Zeit werden solche Verhaltensweisen verinnerlicht und ganz automatisch reproduziert.

Der dritte Schritt besagt nun, dass Sie sich niemals Gedanken um andere Menschen machen sollten, was natürlich nicht meint, dass Sie keine sozialen Kontakte pflegen sollen. Dieser Schritt besagt vielmehr, dass Sie nicht belanglos über Themen oder auch andere Menschen reden sollten, da Sie sie nicht kontrollieren können. Daher müssen Sie bei Gesprächen mit fremden Menschen auch nicht nervös sein. Auch den Standards fremder oder anderer Menschen müssen Sie entsprechend nicht gerecht werden.

Im vierten Schritt angekommen, sollten Sie bescheiden bleiben und eine gewisse Offenheit für neues Wissen an den Tag legen. Versuchen Sie also, in jeder Lage des Lebens etwas dazuzulernen und zuzuhören. Hier erinnern Sie sich sicher an die Tugend der Weisheit der stoischen Philosophie und genau hierzu gehört es, zuzugeben, dass man selbst jederzeit immer dazulernen kann. Dies ist beispielsweise möglich, indem Sie sich weiterbilden, durch Podcasts, Bücher oder Dokumentationen. Es gibt massig Möglichkeiten und Sie können praktisch jederzeit an Ihrer persönlichen Weiterbildung arbeiten. Seien Sie dabei auch stets offen für neue Themen und Gedanken.

Im fünften und letzten Schritt geht es ebenfalls um eine Kerntugend der Stoa. Konzentrieren Sie sich darauf, fair anstatt streng zu sein. Strenge gehört zu einem Teil zur Sparte der emotionalen Konflikte und für eine stoische Lebensweise sind diese Konflikte, wie beispielsweise Vergeltung oder Groll, Gift. Dies stellen lediglich negative Emotionen dar und so besagt dieser Schritt nicht, dass Sie sich in Distanz oder Isolation gegenüber anderen Menschen oder der Gesellschaft üben sollten. Mitgefühl können Sie beispielsweise selbst bei Personen empfinden, die Ihnen etwas Negatives angetan haben, hier ist ein emotionaler Konflikt nicht unbedingt zwingend. Auch für diesen komplexeren Fall geben wir zur besseren Verständlichkeit ein Beispiel: Sie haben in Ihrem Leben eine Person, welche Ihnen wichtig ist. Ist diese Person unfair oder böse zu Ihnen gewesen, so sollten Sie sich nicht sofort abwenden, sondern eher auf diese Person eingehen. Sie könnten beispielsweise erwidern, dass Sie es nicht für sinnvoll empfinden, sich negative Dinge an den Kopf zu werfen oder sich zu beleidigen.

Stattdessen können Sie die Situation eine Weile abkühlen lassen, um dann konstruktiv und vernünftig mit der Person zu reden. Auch ein Akt der Rache wäre in diesem Fall wie Gift für eine stoische Lebensweise. Bevorzugen Sie deshalb bei jeder Entscheidung, die Sie treffen müssen, eine faire Variante; auch wenn Sie zum Beispiel als Vorgesetzter fungieren und einen Angestellten ermahnen oder verweisen müssen. Hier können Sie sich stets eine faire Möglichkeit überlegen, diesen Angestellten zur Verantwortung zu ziehen, als diesen einfach nur zu bestrafen.

ANWENDUNG AUF DAS LEBEN

Nun haben Sie bereits einige Beispiele gelesen, jedoch ist die Anleitung für Ihren Alltag noch ausgeblieben. Im Folgenden erfahren Sie nun, wie Sie die Prinzipien der Philosophie der Stoa auf Ihr eigenes Leben anwenden können. Auch hier haben wir den Inhalt wieder in fünf Schritte aufgeteilt, die Sie nacheinander anwenden können.

Im ersten Schritt geht es darum, dass Sie Ihre Zeit nicht mit Ablenkung vergeuden sollten. Wie schon erwähnt, hat jeder Mensch 24 Stunden am Tag Zeit. Wofür er diese Zeit nutzt, bleibt einem jedem selbst überlassen, denn Ihre Zeit sollte Ihnen auch wertvoll sein und gerade heutzutage, in einer Zeit, in der das Leben immer hektischer wird, sollten Sie Ihre Zeit nicht gedankenlos vergeuden. Konzentrieren Sie sich also stets auf das, was Sie im Augenblick tun, und auf nichts anderes. Selbst wenn Sie lediglich mit jemandem im Gespräch sind, sollten Sie sich nicht von anderen Einflüssen ablenken lassen und 100-prozentig in diesem Moment sein. Auch beim Lesen dieser Zeilen ist es wichtig, diese zu verinnerlichen und offen dafür zu sein. Ein Medium, was uns Menschen heutzutage häufig aus dieser Konzentration hinauswirft, ist das Handy oder das Smartphone.

Achten Sie also verstärkt darauf, dass Sie Ihr eigenes nur benutzen, wenn Sie es wirklich benötigen, und nicht einfach so zwischendurch, beispielsweise in einem Gespräch mit einem Freund. Auch ständige Nachrichten und Weltereignisse lenken uns in unserer Denkweise viel zu sehr ab. Ein Beispiel hierfür sind Naturkatastrophen. Dies sollte jedoch kein Desinteresse bedeuten, Sie sollten sich lediglich nicht so sehr von solchen Ereignissen auf der Welt stressen lassen und sich nicht davon kontrollieren lassen.

Der zweite Schritt besagt, dass Sie jeden Moment genießen sollten. Auch Selbstkontrolle spielt hierbei eine wichtige Rolle, weswegen Sie keinesfalls emotionslos daherkommen müssen, um sich auf das Hier und Jetzt zu konzentrieren. Ein Beispiel diesbezüglich wäre das Trinken eines Glas Weins. Bedenken Sie dabei, dass dieses Ihr letztes Glas Wein sein könnte, das Sie trinken. Natürlich ist diese Denkweise etwas übertrieben, jedoch sollen Sie dabei nicht über etwaiges Unheil nachdenken oder immer nur das Schlechte sehen, sondern vielmehr den Genuss dieses Moments in die Höhe heben.

Weiterhin sollten Sie sich nicht dauernd über Kleinigkeiten Ihren Kopf zerbrechen, was im dritten Schritt beschrieben wird. Das Leben steckt voller kleiner Herausforderungen und Kleinigkeiten, welche Sie aufhalten können. Doch in was überhaupt aufhalten? Sehen Sie jede Herausforderung lieber als Möglichkeit, dazuzulernen und zu einer stärkeren und weiseren Persönlichkeit zu werden. Zu solchen Kleinigkeiten können auch schon Dinge, wie beispielsweise ein zerbrochenes Ei oder verlorene fünf Euro, sein. Diese Ereignisse sollten Sie einfach abhaken, um ruhig und gelassen zu bleiben, denn Ihr persönlicher Seelenfriede ist stets wichtiger als das Aufregen über solche Kleinigkeiten. Der berühmte Vertreter der Stoa, Epiktet, schreibt zu diesem Sachverhalt Folgendes: „Etwas verschüttetes Öl, ein wenig gestohlener Wein – sage dir, das ist ein wirklich geringer Preis für Ruhe und Frieden."

In Schritt vier sollten Sie darauf achten, dass Sie sich mit Menschen umgeben, die Sie respektieren, denn auch, wenn es manchmal so scheint, eine stoisches Lebensweise besagt nicht, dass Sie sich von der Gesellschaft oder anderen Menschen isolieren sollen. Da aber auch Ihre Zeit Ihnen wertvoll sein sollte, sollten Sie diese mit den Menschen verbringen, die Sie dazu verleiten, weiser zu sein, und die Sie zu einer besseren Persönlichkeit machen. Natürlich ist damit nicht gemeint, dass Sie sich als elitäre Person sehen und nur noch ausgewählt mit Menschen kommunizieren, fragen Sie sich dennoch stets, was Ihnen ein jeweiliger Austausch bringt.

Im fünften und letzten Schritt, den Sie auf Ihr Leben anwenden können, geht es um die Moral. Diese stellt ein Gut dar, welches über jeder materiellen Errungenschaft oder auch über jeder ideellen Vorstellung, wie beispielweise Lob, steht. Denn auf dem Weg zur Seelenruhe ist ein ausgeprägter und selbstbewusster Charakter weitaus wichtiger als materielle Dinge wie Reichtum oder ideelle Dinge wie Anerkennung.

Daher sollten Sie auch jede Entscheidung, die Sie treffen, auf moralischer Basis begutachten und somit ethisch korrekt handeln. Dadurch lassen sich wiederum Beispiele verfassen. So sollten Sie also einer anderen Person nicht aus dem Grund helfen, dass Sie Lob und Anerkennung erhalten, sondern nur aus dem Grund, weil es richtig ist, Hilfsbedürftige zu unterstützen. Weiterhin können Sie sich die Situation vorstellen, dass Sie befördert werden, da über Ihren Kollegen eine Lüge erzählt wurde. Wollen Sie die wahre stoische Lebensweise praktizieren, so sollten Sie diese Beförderung aus ethischen Gründen in keinem Fall annehmen.

STOISCHE MEDITATION

Um stoische Merkmale zu manifestieren und es Ihnen vor allem leichter zu machen, die Philosophie der Stoa zu erlernen und Ruhe in sich einkehren zu lassen, sollten Sie auch die stoische Meditation in Betracht ziehen.

Hierfür können Sie in einem ersten Schritt Ihren Platz im Universum visualisieren. Hierfür sind die Kreise des Hierokles eine geeignete Hilfe, um Ihren Platz im großen Ganzen zu finden. Zunächst visualisieren Sie sich selbst und dann Ihre Familie und Ihre engen Freunde in einem Kreis um sich herum. Ein weiterer äußerer Kreis wird für Ihre Bekanntschaften, Nachbarn oder Kollegen visualisiert und in einem weiteren Ihre Stadt, in der Sie leben, samt allen Menschen, die Sie dort umgeben.

Auch die gesamte Existenz der Erde ist auf diesem äußersten Kreis beinhaltet. In der Folge der Visualisierung nehmen Sie sich dann etwa zehn Minuten Zeit und setzen sich an einen ruhigen Ort, an dem Sie die Augen schließen können und langsam und tief ein- und ausatmen. Das Ziel dieser Vorgehensweise ist die Wertschätzung der Verbundenheit.

Hier machen Sie deutlich, dass alles miteinander vernetzt ist und Sie im Speziellen ein Teil des großen Ganzen sind, nicht nur ein Teil Ihrer Familie, sondern auch Ihrer Stadt und der gesamten Erde.

Eine weitere Meditationsmöglichkeit ist die Vorstellung eines schweren Verlusts. Hierbei sind natürlich Personen, aber auch materielle oder ideelle Dinge gemeint. In der Philosophie der Stoa nennt man dieses Vorgehen „Preameditatio malorum". Stellen Sie sich also vor, Ihren Job oder eine geliebte Person zu verlieren, oder suchen Sie sich selbst etwas Wichtiges aus, Sie kennen sich ja schließlich am besten. Zunächst wird Ihnen diese Art der Meditation etwas unorthodox vorkommen, jedoch können Sie sich so die Vergänglichkeit aller Dinge, also auch die des Lebens vor Augen führen und diese akzeptieren. Somit können Sie sich auf Hindernisse und Herausforderungen Ihres Lebens vorbereiten und zugleich aber auch über das Gute in Ihrem Leben nachdenken, da Ihnen dies so bewusst wird. Im Prinzip bedeutet es, dass Sie in Zukunft besser mit Situationen umgehen können, wenn Sie diese bereits in Ihrer Vorstellungskraft erlebt haben.

Eine dritte und weitere Form der Meditation ist das tägliche Lesen von Zitaten und das jeweilige Nachdenken darüber. Dazu können Sie sich Kalender oder Bücher heranziehen, in denen wichtige Zitate verschiedenster Vertreter der stoischen Philosophie niedergeschrieben sind. Lesen Sie den jeweiligen Spruch zunächst mehrmals laut vor und denken Sie anschließend über die Bedeutung nach. Sie werden sehen, dass es irrelevant ist, dass die meisten Sprüche bereits über 2.000 Jahre alt sind, denn an Aktualität werden sie wohl nie verlieren. Vielmehr können Sie diese Zeitspanne als Anregung zum Nachdenken nehmen und sich darüber Gedanken machen, wie diese Sprüche auf Ihr heutiges Leben zutreffen könnten. Die meisten Sprüche und Zitate stammen natürlich von den populären Vertretern des Stoizismus, wie beispielsweise Seneca, Epiktet oder Mark Aurel, welche Ihnen ja bereits bekannt sind.

Als letzte Form der Meditation ist das Aufschreiben Ihres Tages zu nennen. Über die Reflexion des eigenen Auftretens und Fühlens haben wir Ihnen bereits einiges an Information vermitteln können und die Selbstbetrachtungen von Mark Aurel zählen mit Sicherheit zu den berühmtesten dieser Art. Doch das Gute ist, dass Ihnen genau diese Art von Selbstreflektion ebenfalls bedeutend weiterhelfen kann. Sie können also damit beginnen, jeden Tag einen reflektierenden Eintrag in einer Art Tagebuch zu verfassen. Dies sollte – wenn möglich – immer noch am selben Abend geschehen, um gerade die Gefühle und Emotionen noch genau in Erinnerung zu haben und beschreiben zu können.

Dabei können Sie über gemeisterte Herausforderungen schreiben, aber auch über negative Verhaltensweisen, welche Sie an den Tag gelegt haben und verbessern möchten. Darüber hinaus können Sie sich Gedanken darüber machen, wie eine solche verbesserte Verhaltensweise aussehen soll und diese gleich mitnotieren, denn in Ruhe lässt sich über so etwas stets besser nachdenken. Ein Beispiel, wie ein Teil einer solchen Selbstreflexion aussehen könnte, wollen wir Ihnen auch vorstellen: „Mein Freund war heute sehr gemein zu mir. Eigentlich wollte ich diese Gemeinheit erwidern, jedoch hielt ich für einen kurzen Moment inne und habe mich dann zusammengerissen und keine Gemeinheit erwidert. Ich habe also meine Fassung gewahrt. In letzter Zeit fällt es mir auf, dass ich es immer besser schaffe, mich nicht durch andere Menschen zu Aufregern oder Ausrastern verleiten zu lassen. Dafür ist in der einen oder anderen Situation schon noch etwas Arbeit nötig, jedoch fühle und erkenne ich klare Verbesserungen.“

Grundlegende stoische Fähigkeiten und Eigenschaften

Natürlich ist es schön, Ihre Entwicklung im Verlauf dieses Buches zu unterstützen und für Sie selbst eine Erkenntnis herauszuholen. Immer wieder sprechen wir von stoischen Lebensweisen und einer gewissen Geisteshaltung, um die Bahnen Ihres Lebens in eine glückliche Bahn zu befördern. Doch wie genau soll diese Geisteshaltung konkret aussehen?

Das Glück dabei wird vor allem durch ein erhöhtes Selbstbewusstsein und durch eine ordentliche Portion Realismus ermöglicht. Weitere Merkmale sind Selbstbeherrschung und die berühmte innere Ruhe, was wohl die meisten Menschen unter Stoizismus verstehen. Was genau noch aber stoische Fähigkeiten und Eigenschaften sind, haben Sie noch nicht so richtig erfahren können, vor allem nicht im Konkreten. In diesem Sinne werden wir Ihnen Fähigkeiten und Eigenschaften nun nennen und auch, wie Sie mit diesen hantieren können. Über Achtsamkeit bis hin zur Selbsteinschätzung ist alles dabei und wird bei Beachtung mit Sicherheit zu einem positiven und selbstbewussten Lebensstil führen.

RADIKALE AKZEPTANZ

Vor allem, um die innere Ruhe, welche später noch beschrieben wird, zu finden, ist die radikale Akzeptanz ein wichtiger Begleiter. Doch auch, um Energie für Ihr Leben zu tanken und um Dinge zu verändern, kann diese Form der Akzeptanz elementar sein. Dabei stellt sich der Stoizismus mal wieder gegen allgemeingültige Denkweisen. In der Philosophie der Stoa geht es hierbei nicht darum, aufzugeben und Dinge einfach zu akzeptieren. Damit würde man sich selbst sagen, dass man etwas nicht verändern kann. Es geht vielmehr darum, dass man einen Zustand im Hier und Jetzt erkennt und diesen vollständig annimmt und akzeptiert, erst dann können Sie Dinge angehen und verändern. Dies gilt gerade in problematischen Situationen. Nehmen Sie eine dieser Situationen, wie sie ist, und sie können sich neu formieren.

Beispiele für solch herausfordernde Situationen können Angstzustände auf der Arbeit sein, die Nachricht über eine schwerwiegende Erkrankung oder auch die Auswirkungen der aktuellen Corona-Pandemie. Auch wenn anderen, Ihnen liebgewordenen Menschen etwas passiert, kann das zu einer problematischen Situation führen und Sie durch heftige Emotionen fordern. Die Folge ist in aller Regel ein unvernünftiges und kein sinnvolles Verhalten mehr. Doch warum genau ist das eigentlich so?

Nicht nur die Philosophie der Stoa kann dieses Phänomen mit Worten erklären, sondern auch die moderne Medizin mit wissenschaftlichen Tatsachen. Unser Gehirn ist für die vernünftige Verarbeitung von Daten zuständig, genauer gesagt der präfrontale Kortex. Arbeitet dieser zuverlässig, so kann ein Mensch klare Schlüsse ziehen und denken, planen und Lösungen finden. Dieser präfrontale Kortex ist grundsätzlich stets in Gang, doch sind Emotionen für ihn Gift. Durch diese wird der präfrontale Kortex nämlich mehr oder weniger außer Funktion gesetzt und ein Mensch kann nicht mehr lange abwägen oder überlegen.

Dies hat ursprünglich und grundsätzlich eine positive Wirkung, da sie bezwecken soll, dass der Mensch bei drohender Gefahr nicht lange überlegt, sondern schnell handelt, das bedeutet im Klartext, flieht oder kämpft. Die extremen Gefahren aus Urzeiten existieren heute in der Form natürlich nicht mehr, dennoch spielt diese Programmierung in unserem Gehirn eine wichtige Rolle und Emotionen wie Hass, Wut, Trauer oder Angst schalten das Denkvermögen aus, wodurch Sie keinen klaren Gedanken mehr fassen können.

Diesen Prozess können Sie jedoch mit radikaler Akzeptanz in den meisten Situationen umgehen. Dazu müssen Sie Ihre Emotionen und vor allem deren Intensität im Griff haben und wenn möglich reduzieren. Ein wichtiger Schritt in diese Richtung ist die Akzeptanz der aktuellen Realität mit all ihren Ecken und Kanten, denn nur so können Sie einen Status Quo hervorrufen, um im Anschluss weiterzudenken.

Natürlich ist das – erst recht, wenn Sie gerade erst damit begonnen haben, sich mit der Philosophie der Stoa zu beschäftigen – nicht ganz so einfach, wie es sich hier liest, denn in uns bildet sich in herausfordernden Situationen ein regelrechter Widerstand, diese zu akzeptieren, da sie beispielsweise zu schmerzvoll sind. Versuchen Sie jedoch, der Realität ins Auge zu schauen und die Situation so zu nehmen, wie sie ist, Sie können es eben nicht ändern. Das hat nichts mit Resignation oder dergleichen zu tun, sondern mit Realismus. Wie kann Ihnen diese radikale Akzeptanz also gelingen? Zugegeben, leicht ist es nicht gerade, doch sie wird Ihnen helfen, mit positiveren Gedanken durchs Leben zu gehen.

Beschäftigen Sie sich intensiv mit sich selbst und erlangen Sie dabei auch die wichtigen Eigenschaften des Selbstvertrauens und der Selbsterkenntnis. Dabei ist es zunächst wichtig, seine Illusionen aufzudecken und nicht an Vergangenem festzuhalten, erst recht, wenn es keine Anhaltspunkte für die Erfüllung dieser Illusion gibt. Weiterhin sollten Sie im Rahmen von Selbstgesprächen herausfinden, um welche tieferen Erfahrungen es Ihnen geht. Tiefere Erfahrungen steht hier für das, was den Schmerz in Ihnen wirklich auslöst.

Versuchen Sie, dafür andere Wege zu finden. Ein*e Freund*in, der*die Sie verlassen hat, kann also als Weg zu Ihrem eigenen Glück gesehen werden, doch es existieren noch zahlreiche andere Wege, um dieses Glück zu erreichen. Eine weitere Möglichkeit, um radikale Akzeptanz zu üben, ist die Kopie der Natur. Hierzu müssen Sie lediglich die Bäume betrachten, welche im Herbst die Blätter verlieren und im Frühjahr wieder neu austreiben. Die Natur befindet sich also in einem Kreislauf, der sie immer wieder erneuert, was Sie sich für Ihr Leben definitiv abschauen können. Zuletzt ist auch das Faktensammeln ein wichtiger Bestandteil der radikalen Akzeptanz, denn nur, wenn Sie Dinge wissen und alle Informationen haben, können Sie diese auch bewerten oder sich in eine andere Lage hineinversetzen. Ohne ausreichendes Wissen können Sie lediglich spekulieren. Ändern Sie dabei auch Ihre Sichtweise und stellen Sie sich beispielswese vor, wie Sie in zwei oder drei Jahren auf ein gewisses Thema oder Problem zurückschauen werden.

Alles in allem klingt der Begriff der radikalen Akzeptanz äußerst martialisch, dennoch sollten Sie davor nicht zurückschrecken, da er einen wichtigen Bestandteil des Stoizismus darstellt. Nur wenn Sie der Realität ins Auge blicken, können Sie ein glückliches und zielgerichtetes Leben führen. Das alles bedeutet in keinem Fall, dass Sie in negativen Situationen nicht weinen oder trauern dürfen, jedoch sollten Sie darin niemals stecken bleiben.

UMGANG MIT STRESS

In der heutigen Zeit ist vieles schnelllebiger und damit auch stressiger geworden als es noch vor über 2.000 Jahren war, als die Schule der Stoa begründet wurde. Dennoch existieren Parallelen und auch im Umgang mit Stress kennt der Stoizismus viele Antworten. Stress kennt wohl so gut wie jeder Mensch auf dieser Erde und das Resultat ist meistens ein Zustand der Überforderung. Meistens hat dieser Zustand mit unserer heutigen Leistungsgesellschaft zu tun und damit, dass man einfach immer präsenter ist und ständig auf dem Laufenden sein sollte, um etwas mitzubekommen. Natürlich existieren auch im privaten Bereich Auslöser für Stress. Hierzu gehören beispielsweise Auseinandersetzungen im familiären und freundschaftlichen Umfeld. Diesen sogenannten

Stressoren gilt es, aus dem Weg zu gehen, um diesen in Ihrem Leben nicht immer Oberwasser zu gewähren.

Hierbei können diverse Strategien und Dinge helfen, um Ihren persönlichen Umgang mit Stress zu begleiten und zu optimieren. Zunächst ist eine gute Organisation Ihres Lebens sehr wichtig, was auch mit einer Prioritätensetzung einhergeht. Anfangs hatten Sie erfahren, dass jeder Mensch 24 Stunden an einem Tag Zeit hat. Es ist nun wichtig, sich diese Zeit einzuteilen, weswegen man kaum sagen könnte, dass man selbst keine Zeit hätte, sondern vielmehr, dass man für dieses oder jenes keine Zeit hätte. Durch einen Terminkalender oder Ähnliches können Sie also Struktur in Ihren Alltag bringen und erkennen, für was Sie Zeit haben und für was nicht.

Denken Sie positiv. Somit betrachten Sie die Situationen, in denen Stress entsteht, entspannter und Sie blocken eine Überforderung ab. Wenn ein wenig Stress aufkommt, ist das noch lange kein Beinbruch, reden Sie sich Mut zu und überstehen Sie die Situation. Doch vernachlässigen Sie es nie, sich auch einmal eine Auszeit zu nehmen und zu entspannen. Hierbei ist es wichtig, dass so wenig wie möglich äußere Einflüsse auf Sie einströmen. Um sich selbst im Alltag gerecht zu werden, können Sie den Anspruch an sich selbst etwas herunterschrauben. Wie bereits erwähnt, sind äußere Einflüsse auf Sie ein echter Stressor, da bringt es herzlich wenig, wenn auch noch Sie sich selbst stressen.

Eine weitere wichtige Methode, um mit Stress richtig umgehen zu können oder diesen vermeiden zu können, ist, dass Sie lernen, nein zu sagen, wenn es nötig ist. Ist Ihnen das nicht möglich und sagen Sie zu allen weiteren kleinen Terminen ja, so ist eine Überforderung vorprogrammiert. Darüber hinaus würde das auch bedeuten, dass Sie Ihren Terminplan nicht ernst nehmen und keine gute Organisation in Ihrem Leben führen. Nein zu sagen, bedeutet eben, das eine oder andere Mal auch ja zu sagen, zu Ihnen selbst.

Als letzten Punkt möchten wir Ihnen das Reden und die Annahme von Hilfe in der Bewältigung von Stress ans Herz legen. Gerade als Praktiker*in des Stoizismus kann immer wieder einmal ein Missgeschick passieren und gerade im Umgang mit Stress und äußeren Einflüssen ist dies gar nicht so unüblich. Emotionen können einen eben immer wieder einholen und überrumpeln. Reden Sie daher auch mit anderen Menschen, die Ihnen eventuell neue Perspektiven offenlegen oder gar Lasten in Ihrem Leben abnehmen können. Wie schon beschrieben, die Stoiker sind keine Menschen, welche eine Gesellschaft verleugnen, sondern Menschen, die sie befürworten, und daher sollten auch Sie sich in dieser bewegen, Hilfe geben, aber auch Hilfe annehmen.

ANPASSUNGSFÄHIGKEIT

Mit der Anpassungsfähigkeit ist in der Philosophie der Stoa nicht unbedingt gemeint, dass man seine Meinung stets verwerfen sollte und immer zurücktreten muss, um seinen inneren Seelenfrieden zu finden. Grundsätzlich ist man als Praktiker*in der Stoa nämlich überzeugt von seiner Meinung und seinem Weg. Dennoch ist die Anpassungsfähigkeit eine wichtige und grundlegende Fähigkeit, um mit der praktischen Stoa durchs Leben zu gelangen, denn offen zu sein für andere und neue Meinungen kann immer gewinnbringend sein.

Allgemein ist unter der Anpassungsfähigkeit die Fähigkeit des Menschen gemeint, sich Verhältnissen anzupassen, was im Stoizismus als sehr wertvoll angesehen wird, da Verhältnisse oder andere Menschen stets als äußerer Einfluss gesehen werden. Diese äußeren Einflüsse muss man akzeptieren und somit ist eine Anpassungsfähigkeit von enormer Wichtigkeit. Darüber hinaus sind Sie mit dieser Fähigkeit für schwierige Situationen in Ihrem Leben vorbereitet, da Sie durch die Anpassungsfähigkeit ein persönliches Vermögen besitzen, mit welchem Sie sich in sozialen Situationen, die herausfordernd sind, gut zurechtkommen. Und nicht nur das, durch ein erhöhtes Einbringen folgt auch ein besseres und schnelleres Erreichen von Zielen.

Wie bereits erwähnt, steht die Anpassungsfähigkeit jedoch nicht in Konkurrenz mit persönlichen Ideen, Zielen, Unabhängigkeit oder auch Selbstverwirklichung. Denn gerade diese Kompetenz ermöglicht es Ihnen, sich gekonnt in Ihre Gesellschaft oder in Ihre Familie gewinnbringend einzubringen und dadurch ein gutes Gefühl zu erlangen.

Bei all der Fähigkeit der Anpassung sollten Sie also nie vergessen, Ihre Prinzipien der Lebensphilosophie nicht aufzugeben und stets zu erkennen, was äußeren Einflüssen geschuldet ist und was Sie selbst in der Hand haben.

SELBSTEINSCHÄTZUNG

Nun haben Sie bereits einiges über die Selbsteinschätzung gelesen und auch über die Macht, die Sie über sich selbst mit ihr erlangen können. Doch was genau bedeutet sie eigentlich? Grundsätzlich kann man sagen, dass die Selbsteinschätzung eine Grundfähigkeit der Philosophie der Stoa darstellt und die eigene Person betrifft. Man kann sich dadurch in vielerlei Hinsicht selbst einschätzen, im Bereich der Persönlichkeitseigenschaften und auch in Bereichen der eigenen Fähig- und Fertigkeiten. Es handelt sich also um eine Bewertung der Resultate des eigenen Lernprozesses durch Sie selbst. Dabei orientieren Sie sich stets an bekannten Kriterien und Zielen.

Nun wird es Ihnen eventuell bereits aufgefallen sein, dass eine Selbsteinschätzung stets von Ihnen aus geht und nicht von äußeren Faktoren oder Ihrem Umfeld, Ihre eigene Bewertung ist also stets subjektiv und nicht objektiv. Daraus resultiert die Gefahr der Über- oder auch Unterschätzung. Dazu kennen Sie bereits die Übung, selbst aus sich herauszukommen und eine Art Überperspektive einzunehmen, um alle

Verbindungen wahrzunehmen und nüchtern zu analysieren. Wollen Sie die Fähigkeit der Selbsteinschätzung erlangen, so ist es unerlässlich, dass Sie diese Methode unabhängig und völlig objektiv einnehmen.

SELBSTBEHERRSCHUNG

Selbstbeherrschung spielt gerade im Umgang mit äußeren Einflüssen eine wichtige Rolle. Oftmals überwältigen uns Emotionen, welche uns zu Taten hinreißen, die wir später definitiv bereuen werden. Daher ist die Selbstbeherrschung in der Philosophie der Stoa so wichtig und auch im noch folgenden Kapitel der Übungen wird Sie erneut aufgegriffen.

Die Stoa betitelt die Selbstbeherrschung als Schlüssel zum Glück und benennt in diesem Zusammenhang auch die Begriffe Geduld und Disziplin. Gerade die Disziplin, den ersten emotionalen Impuls in einer positiven oder negativen Situation zu überstehen, ist enorm wichtig, um nach den Lehren des Stoizismus zu leben. Man kann also behaupten, dass eine Person, die sich selbst beherrscht und in der Folge eine gute Kontrolle über die eigenen Lüste und Triebe hat, besser in der Lage ist, Süchte zu demontieren, neue Fähigkeiten zu trainieren, Konsum zu reduzieren und Ärger zu kanalisieren. Wie genau Sie zu einer solchen Selbstbeherrschung kommen, erfahren Sie noch im erwähnten weiteren Kapitel, dennoch soll hier noch kurz Stellung dazu genommen werden, wie sich die Selbstbeherrschung auch negativ entwickeln kann.

Selbstbeherrschung kann nämlich in manchen Situationen auch zu Selbstüberschätzung werden. Gerade wenn Sie nicht alle Informationen haben oder keine umfängliche Perspektive eingenommen haben, können Sie schnell von der Selbstbeherrschung in die Selbstüberschätzung rutschen. Vor allem im Alltag werden viele Entscheidungen meist aus einem Halbwissen heraus getroffen. Führen Sie positive Dinge stets auf Ihre Selbstbeherrschung zurück, so kann das durchaus negative Folgen haben. Auch hier haben Sie es dann verpasst, eine Vogelperspektive einzunehmen, und die Möglichkeit, alle Verbindungen aus verschiedenen Blickwinkeln zu betrachten, nicht wahrgenommen.

Bedenken Sie jedoch, dass Sie nur so ein allumfängliches Bild einer Situation erhalten und dass Sie niemals alles Positive auf Ihre Selbstbeherrschung zurückführen können. Denn äußere Einflüsse spielen nach wie vor eine starke Rolle, dessen sollten Sie sich bewusst sein, und so könnte beispielsweise ein*e CEO alle Erfolge eines Unternehmens auf sich zurückführen, auch wenn er oder sie damit gar nichts zu tun hat. Dies würde man schnell als Selbstverliebtheit erkennen, was zu einer Selbstüberschätzung führt. Achten Sie also darauf, dass Sie die Selbstbeherrschung immer wieder hinterfragen und sich stets in Disziplin und Geduld üben.

INNERE RUHE

Gelassenheit ist ein Thema, welches sich durch alle Ebenen des Stoizismus zieht und auch mit der inneren Ruhe ist ein allumfänglicher Zustand der Gelassenheit gemeint. Innere Ruhe drückt sich je nach Situation anders aus, aber grundsätzlich ist damit die Ruhe gemeint, mit der Sie die Fassung in problematischen Situationen bewahren können. Zum Beispiel kann die innere Ruhe ein Ausdruck eines hohen Maßes an Selbstbeherrschung sein, da Sie – wenn Sie sich in bestimmten Situationen aufregen – sich im Griff haben und den Ärger in sich nicht überlaufen lassen, auch wenn ein äußerer Einfluss Sie zur Weißglut treiben könnte.

Betrachten Sie die innere Ruhe an sich, so ist damit nicht nur die Impulskontrolle und die Anwesenheit von Gelassenheit gemeint, sondern darüber hinaus ebenfalls die Abwesenheit von Aufregung, Stress oder Nervosität. Somit verliert man durch diese Eigenschaft oder Fähigkeit nicht sofort die Fassung, wenn ein herausforderndes Ereignis im Raum steht. Dabei ziehen Sie sich eben in Ihr Inneres zurück und finden die notwendige Ruhe, um die Situation zu umgehen, auszuhalten oder zu relativieren. In vielen modernen Lebensphilosophien und auch im Buddhismus wird für diesen Bereich auch oft der Begriff „Einklang von Seele und Körper" verwendet, im Prinzip ist mit der inneren Ruhe in der Philosophie der Stoa nichts anderes gemeint.

Leider existieren gerade in unserer heutigen Welt viele Dinge und äußere Einflüsse, welche Ihre innere Ruhe zunichtemachen können oder diese zumindest angreifen. Ein populäres Beispiel dafür ist sicherlich eine Prüfungsleistung, die ansteht, oder ein wichtiges Vorstellungsgespräch. Gerade im Vorfeld solcher Ereignisse wird Ihre innere Ruhe häufig gestört und man entwickelt das sogenannte Lampenfieber, eben Nervosität. Durch dieses kann im schlimmsten Falle eine gewisse Kopflosigkeit entstehen, mit der Sie nicht mehr rational denken und in der Folge nicht vernünftig handeln. Hierbei kann es bis hin zum Gefühl der Angst kommen. Dann geben Sie nicht nur die Kontrolle über die Situation und Ihr Leben ab, sondern eben auch die Verantwortung, wodurch Sie nicht mehr für sich selbst verantwortlich wären, was für das Gefühl der inneren Ruhe schädlich ist.

Daher sollten Sie definitiv aktiv und offen mit Ängsten und Auslösern dieser umgehen und sie angehen. Im Kapitel der Übungen werden Sie hierüber noch einiges mehr erfahren. Das Wichtigste ist, dass Sie die innere Ruhe als erstrebenswertes Gut achten, um sich selbst Lebensqualität und Wohlbefinden zu garantieren. Ein paar kleine Tipps hierfür: Tee trinken soll bereits helfen, um etwas Ruhe zu finden, auch ausgleichende Beschäftigungen, wie beispielsweise Sport, sind gute Vorbeuger für Stress und Nervosität. Vor allem sollten Sie es vermeiden, sich mit anderen zu vergleichen, um ein Selbstbewusstsein zu entwickeln und innere Ruhe gedeihen zu lassen.

Übungen

Um Stoizismus langfristig zu erleben, empfiehlt sich im Prinzip auch nur ein langfristig angelegtes Training, praktisch eine Umstellung Ihrer gesamten Denkweise. Mit langfristig ist dabei die Zeitspanne über mehrere Monate gemeint und eine kontinuierliche Präsenz der Thematik. Dennoch wird Ihnen ein solcher stoischer Lebensstil nicht bis zum jeweiligen Ende des Trainings vorenthalten, denn mit diversen Übungen können Sie den Stoizismus bereits heute noch erfahren. Durch diese kleinen Aufgaben werden Sie weiter und weiter wachsen und Ihren Weg weitergehen, bis hin zu einer ausgereiften Geisteshaltung, welche Ihnen ein glückliches Leben garantiert. So geht diese stoische Geisteshaltung Stück für Stück in Ihren Habitus ein.

Nutzen Sie die folgenden Übungen für Ihr Privatleben, für Ihre Arbeitswelt und einfach für Ihren gesamten Alltag, um Stück für Stück voranzukommen und das eine oder andere Mal bereits ein kleines Erfolgserlebnis mit der Lebensweise des Stoizismus zu erreichen. Alle Zeit, die Sie mit den Themen, Übungen und Theorien des Stoizismus verbringen, ist gut genutzte Zeit. Wie gesagt: Es ist schon heute möglich!

DAS SCHLIMMSTE AUSMALEN

Die Anwendung „praemeditatio malorum“ kennen Sie bereits und auch der Begriff der negativen Visualisierung sagt Ihnen in dem Zusammenhang schon eine ganze Menge. Eine geeignete Übung dazu ist die Methode des Ausmalens des Schlimmsten, was passieren kann. Dadurch sind Sie für jegliche Situationen gewappnet und die Übung stellt eine geistige Vorwegnahme von Herausforderungen und Widrigkeiten dar. Von Mark Aurel stammt diesbezüglich ein sehr eindrückliches Zitat, welches lautet: „Beginnt den Morgen, indem ihr euch sagt, heute werde ich auf den treffen, der viel Wind macht, auf den Undankbaren, den Arroganten, den Verräter, den Neidischen, den Unsozialen". Mark Aurel selbst war ein starker Befürworter dieser Methode und wendete diese auf sein Leben an.

Er sagt dazu auch, dass die Angst vor schlimmen Dingen oder zumindest vor ungewollten Dingen, welche in der Zukunft liegen, durch diese Übung abnimmt, da man sich im Vorhinein bereits ein Stück weit in eine solche Situation hineinversetzt hat und sich die Folgen vorstellen konnte. Zumindest ist das Eintreten eines solchen Falls dann keine total neue Erfahrung mehr. Stoiker bereiten sich also durch diese Übung des Vorstellens des Schlimmsten in guten Zeiten auf schlechte Zeit vor, denn die kommen gewiss.

Ein Beispiel hierfür wäre der Verlust des Arbeitsplatzes, was Sie sich in Ihrem Kopf versuchen könnten, vorzustellen. Natürlich ist dies – machte man die jeweilige Arbeit gern – eine unangenehme oder schlimme Situation und so wird es auch bei einer Vorbereitung bleiben. Doch durch das vorherige Durchdenken eines solchen Falls werden Sie automatisch auch über Lösungsmöglichkeiten und Alternativen nachdenken und diese Stück für Stück entwickeln. Beispielsweise könnten Sie hierbei überlegen, wie Sie nun eine neue Arbeitsstelle finden können und welche Optionen Ihnen verfügbar sind. Dieser Schritt würde Ihnen im Fall der Fälle auf jeden Fall weiterhelfen.

Darüber hinaus können Sie sich bei dieser Übung natürlich auch weniger schlagkräftige Probleme ausmalen, eben alltägliche Probleme, wie beispielsweise eine Ablehnung einer von Ihnen entwickelten Präsentation. Ist Ihr Chef bei diversen Arbeiten von Ihnen nicht erfreut, können Sie sich darauf vorbereiten, indem Sie ein solches Szenario konkret durchdenken. Sie könnten sich beispielsweise Reaktion überlegen, die Sie erwidern, und weiterhin eine gute Alternative entwickeln. Somit würden Sie sich also auf alltägliches Feedback vorbereiten und könnten dieses dann besser annehmen und ins Positive umsetzen.

Durch eine solche Übung werden Sie in einer jeden Problemlage auch Lösungen sehen und verlieren vor allem die Angst in solchen Situationen. Natürlich wird es immer wieder wirklich schlimme Situationen in Ihrem Leben geben, jedoch müssen Sie das akzeptieren und damit umgehen. Das Ausmalen des Schlimmsten kann hier große Hilfe leisten. Ein weiterer positiver Nebeneffekt ist, dass Sie sich dadurch mit schwierigen Situationen und Herausforderungen befassen und in der Folge natürlich umso glücklicher über jede positive Erfahrung und schöne Situation sind.

Die Methode, welche wir bei dieser Übung beschreiben, ist natürlich nicht einfach so von Mark Aurel oder Epiktet übernommen, weil diese es so gesagt haben. Nein, die Übung hat eine seriöse wissenschaftliche Grundlage. Hierin hat auch die moderne Psychologie Forschungen durchgeführt, welche besagen, dass es sich tatsächlich positiv auswirkt, wenn man sich selbst gewisse Zeiträume in der Realität der Angst aussetzt, um diese zu überwinden. Somit stellt die Übung eine geeignete Variante dar, mit der man sich seinen Ängsten stellen kann. In der wissenschaftlichen Sprache nennt man dieses Vorgehen die Stärkung der Resilienz. Man könnte diese Übung sozusagen auch als emotionales Krafttraining bezeichnen, da man sich im Geiste eine befürchtete Katastrophe vorstellt und sich so für diese wappnet – eben wie in einem Training.

Sind Sie in diesem Gebiet und in dieser speziellen Übung eher als Neuling einzuschätzen, so ist es wichtig, dass Sie zunächst mit negativen Situationen beginnen, welche Sie emotional nicht zu sehr überfordern. Versuchen Sie sich also zunächst mit alltäglichen Herausforderungen und führen Sie die Übung diesbezüglich regelmäßig durch. Dies kann meist an jedem Ort und zu jeder Zeit gemacht werden und so können Sie sich stets eine viertel Stunde Zeit nehmen und die Übung vor dem

Einschlafen, auf dem Weg zur Arbeit oder in der Mittagspause durchführen. Sie schaffen das!

VORBEREITUNG AUF SCHWERE ZEITEN

Ähnlich zur vorangegangenen Übung ist auch die Übung „Vorbereitung auf schwere Zeiten“. Gleichzeitig könnte man die Übung auch „Vorbereitung auf schwerere Zeiten“ nennen, da man diese auch durchaus anwenden kann, wenn es einem einmal nicht so besonders gut geht. Auch in der vorherigen Übung ging es darum, sich auf herausfordernde Situationen vorzubereiten, dennoch ist hier mit der Vorbereitung etwas gemeint, was nicht genau der vorherigen Übung entspricht.

Gerade in unserer Gesellschaft geht es vielen Menschen sehr gut, wenn man ehrlich ist, geht es einem oftmals so gut, dass man sich kaum vorstellen könnte, wie es wäre, wenn es einem wirklich schlecht gehen würde. Gerade Verluste von lieben Menschen stoßen da wie ein Messer in den Alltag und Stoiker sind sich dessen bewusst. Sie wissen, dass ein solcher Verlust stets eintreten kann, und versuchen, sich das immer wieder ins Gedächtnis zu rufen. Auch andere vermeintlich lebenswichtige Dinge können von heute auf morgen weg sein und deshalb sollte man sich darauf vorbereiten, wie es sich anfühlt, ohne diverse Annehmlichkeiten zu leben.

Der berühmte Vertreter der Stoa, Seneca, sagt dazu Folgendes: „Hier ist eine Lektion, um den Eifer deines Verstandes zu prüfen: Verbringe eine Woche mit dem magersten und einfachsten Essen, kleide dich spärlich in schlichten Lumpen und dann frage dich, ob dies wirklich das Schlimmste ist, was du zu befürchten hast. Wenn die Zeiten gut sind, dann solltest du dich bereit machen für die schwierigeren Phasen in der Zukunft, denn während Fortuna uns hold ist, können wir unsere Verteidigung gegen ihre Attacken aufbauen. Deshalb üben die Soldaten zu

Friedenszeiten, bauen Bunker, obwohl kein Feind in Sicht ist, und strapazieren sich, obwohl niemand angreift, damit sie nicht müde werden, wenn es so weit ist."

Diese Zeilen geben Aufschluss über diese Denkweise, auch wenn sie sich auf Fortuna und Krieg beziehen. Das Wichtigste ist, die Gedanken auf eigene Probleme umzumünzen.

Anders als bei der Übung der „Praemeditatio malorum" geht es hierbei jedoch nicht nur um das Vorstellungsvermögen eines schlimmen Schicksals. Ein etwaiger Verlust oder eine ähnlich tragische Situation sollen bei dieser Übung real simuliert werden, natürlich nicht dauerhaft, sondern immer in einem begrenzten Zeitraum.

So beschreibt Seneca, dass man etwa eine Woche auf luxuriöses Essen verzichten sollte und nur das zu sich nehmen sollte, was man zum Überleben benötigt. Hier erinnern Sie sich sicher an das Fasten, was auch in vielen anderen Philosophien und Religionen eine wichtige Rolle spielt. Die Gründe einer sogenannten Fastenzeit sind hierbei nicht nur die der gesundheitlichen Stärkung, sondern auch die der Bewusstmachung von Abhängigkeiten. Indem Sie mit dieser Übung versuchen, zu widerstehen und Dingen zu versagen, die Sie gerne haben, können Sie wieder unabhängig werden. Dazu zählt natürlich nicht nur Essen, wie beispielsweise Schokolade oder Fleisch, sondern auch das Autofahren oder soziale Medien. Ein zeitlich begrenzter Verzicht kann sich positiv auf Sie auswirken.

Ein populäres Beispiel ist sicher die Fastenzeit des christlichen Glaubens, in der sieben Wochen am Stück auf etwas verzichtet wird, was einem lieb ist. Am Osterfest darf damit dann gebrochen werden. Auch die Stoa empfiehlt ein solches Verhalten, denn durch eine solch lange Dauer einer Fastenzeit werden auch im Kopf und in Ihrer Denkweise Prozesse in Gang gesetzt. Somit setzen Sie sieben Wochen lang mit einer gewissen alltäglichen Routine aus und kommen dadurch darauf, Dinge zu hinterfragen. In der Folge können Sie dann viel leichter neue Perspektiven einnehmen und darüber hinaus auch noch entdecken, auf was es im Leben wirklich ankommt.

Der Unterschied zur vorherigen Übung „Das Schlimmste Ausmalen" ist also in erster Linie die praktische Anwendung von Verzicht. Auch wenn es viele Parallelen zur Übung „Vorbereitung auf schwere Zeiten" gibt, ist die zweitgenannte Übung aufgrund der Möglichkeit der praktischen Umsetzung natürlich einprägsamer, jedoch ist zu beachten, dass sie einfach nicht auf jede Lebenssituation und jeden Umstand angepasst werden kann.

WIDRIGKEITEN DES LEBENS ALS TRAINING

Auch die nächste Übung, „Widrigkeiten des Lebens als Training" bezieht sich auf negativ empfundene Situationen, jedoch können Sie daraus gestärkt hervorgehen. Vor allem geht es in dieser Übung um einen Perspektivwechsel, um Dinge einfach anders zu sehen als aus der Sicht des Status Quo. Als Stoiker fällt es Ihnen einfach, dieser Übung zu folgen und in jeglichen Problemen und Herausforderungen auch wieder ein Licht zu sehen und sowohl Chancen als auch ein gewisses Potenzial zu erkennen. Diese Eigenschaft des Perspektivwechsels können Sie nicht durch vieles Lesen oder Studieren erlangen, denn dies stellt abermals einen praktischen Prozess dar. Daher eignet sich dafür eine Übung, die es Ihnen erleichtern wird, sich die Fähigkeit des Perspektivwechsels anzutrainieren.

Sie müssen für das Training des Perspektivwechsels nicht unbedingt feste Zeiten in der Woche in Anspruch nehmen, sondern können es eigentlich zu jeder Tageszeit und in jeder Situation anwenden und versuchen. Jede Situation Ihres Alltags birgt ein gewisses Verhalten, welches Sie zu einer Reaktion zwingt. Das Ziel der Übung ist es, dass Sie auf jedwede Aktion stoisch reagieren können. Sind Sie auf dem Gebiet der praktischen Umsetzung der Philosophie der Stoa noch nicht so bewandert, wird es zu Beginn sicher schwer fallen, auf alles stoisch zu reagieren, denn spontane Gefühle und Emotionen kommen zu Beginn häufig über alles und verursachen Gefühle wie Wut oder Ärger.

Mark Aurel sagt zur Übung der stoischen Gelassenheit: „Die Lebenskunst ist der Kunst eines Ringers ähnlicher als der Kunst eines Tänzers, insofern sie auf die Schläge und nicht vorhersehbaren Ereignisse vorbereitet ist und fest dasteht, ohne zu wanken."

Stellen Sie sich für Ihr Training beispielsweise eine Beleidigung vor und versuchen Sie dann – falls Ihnen eine solche Situation begegnet –, genauso zu reagieren. Versuchen Sie, Beleidigung nicht mehr als Häme zu sehen, sondern als Genuss. Ja, man könnte sagen, Sie sollen Beleidigungen regelrecht sammeln, auch wenn Sie sie nicht provozieren dürfen. Beachten Sie dafür Folgendes: Wenn Sie in der Realität beleidigt werden, kategorisieren und analysieren Sie die Worte oder Gesten. Versuchen Sie anschließend, sich über diese Beleidigung zu freuen und nicht zu grämen.

Diese Vorgehensweise fungiert als Training und eine jede Beleidigung ist sozusagen ein „Trainingsplatz des Lebens". Natürlich klingt dies zunächst etwas eigenartig, jedoch können Sie so Ihre Fähigkeit der Gelassenheit enorm trainieren. Versuchen Sie, sich regelrecht bei einer Beleidigung darüber zu freuen, da es wieder einmal eine Gelegenheit ist, stoisch zu reagieren und diese an Ihnen abblitzen lassen zu können. Das Gute an einer Beleidigung ist dann praktisch, dass Sie daran Ihre stoischen Fähigkeiten und Techniken üben und weiterentwickeln können.

Erfahren Sie das nächste Mal Sticheleien von einem Kollegen, so versuchen Sie, dies als Anlass zur Freude zu nehmen, und sehen Sie es als Gelegenheit des Trainings. Zu solchen Situationen müssen jedoch keine Menschen unmittelbar beteiligt sein, denn auch wenn beispielsweise Ihr

Zug zu spät kommt oder Ihnen eine andere Widrigkeit des Lebens widerfährt, können Sie versuchen, sich darüber zu freuen, und es dann mit stoischer Gelassenheit hinnehmen.

Zu Beginn ist dies sicher nicht so einfach, wie wir nun darüber schreiben, aber versuchen Sie es trotzdem. Nach und nach werden Sie Erfolge erzielen und somit zu immer größerer Gelassenheit heranwachsen!

ALLES IST VERGÄNGLICH

Zu bedenken, dass alles vergänglich ist, wird in der folgenden Übung bearbeitet. Auch hierzu haben Sie bereits einen wichtigen Leitspruch aus der Philosophie der Stoa kennengelernt, „Memento Mori". Diese Übung, sich eben im Alltag an die Sterblichkeit seiner Nächsten, aber auch an seine eigene Sterblichkeit zu erinnern, kann für Ihre Lebensphilosophie enorm wichtig sein. Als Grundlage dieser Übung besteht die Erkenntnis aus dem Stoizismus, dass nichts auf dieser Welt von Dauer ist und alles Leben und alle Dinge vergänglich sind oder sein können.

Mark Aurel sagte dazu: „Wenn du dich auch noch so sehr erzürnst oder grämst, so bedenke, dass das Leben nur eine kleine Weile dauert und dass wir bald alle im Grab sein werden."

Zu Beginn sollten Sie sich das regelmäßige Erinnern natürlich so zurecht legen, dass es Sie nicht überfordert. Rufen Sie sich beispielsweise von Anfang an jeden Tag ins Gedächtnis, dass Sie und Ihre Lieben jederzeit sterben könnten, wird sich das eventuell negativ auswirken und Ihnen die Freude am Leben nehmen. In manchen Fällen kann es auch passieren, dass Sie eine regelrechte Angst vor dem Leben bekommen. Daher sollten Sie diesen Prozess zur Beginn der Übung etwa einmal in der Woche durchführen.

Dadurch erzielen Sie eine gewisse Wertschätzung für jeden Moment und können viel besser eine Dankbarkeit für Dinge entwickeln, welche Sie gern haben. Durch diesen Prozess wird ein zentraler Aspekt der stoischen Philosophie vermittelt, denn die Übung zeigt Ihnen, dass Sie eine tiefe Zufriedenheit ausstrahlen können und das nicht nur mit Luxusgütern. Rufen Sie sich regelmäßig ins Gedächtnis, dass das Leben plötzlich vorbei sein könnte, so sind Sie stets mit dem zufrieden und glücklich, was Sie heute besitzen und um sich haben und sind nicht mit dem Gedanken beschäftigt, was Sie morgen noch weiter erreichen und Größeres erlangen können. So können Sie Ihre Tage leben, als wären sie Ihre letzten. Und damit meint die Stoa nicht, dass Sie alles verprassen und tun können, was Sie wollen. Nein, Zufriedenheit erleben ist eindeutig die bessere Option, um seine Tage, eventuell seine letzten Tage, zu verbringen.

Diese Vorstellung, zu erkennen, dass alles vergänglich ist, hat darüber hinaus noch einen weiteren positiven Nebeneffekt. Sie lernen in der Folge, Dinge einfacher loslassen zu können. Dies ist grundsätzlich eine schwierige Übung und Angelegenheit, erst recht, wenn Sie von vielen geliebten Menschen oder Dingen umgeben sind, die Ihnen enorm wichtig sind. Dies bedeutet nun nicht, dass Sie keinen Menschen mehr so sehr in Ihr Herz schließen sollten, durch die Übung der Vergänglichkeit kann Ihnen jedoch klar werden, dass es völlig natürlich ist, dass man geliebte Menschen irgendwann in seinem Leben verlieren wird. Auf dieses Ereignis kann man sich mit einer solchen Übung vorbereiten und einen solchen Prozess zumindest im Geiste durchgehen. Dennoch ist es im Fall der Fälle dann wichtig, Trauer zu empfinden, wollen Sie jedoch einer stoischen Lebensphilosophie nachgehen, sollten Sie versuchen, sich nicht dauerhaft der Trauer hinzugeben und weiterzuleben.

Versuchen Sie also, sich einmal in der Woche die Vergänglichkeit der Dinge auf dieser Erde ins Gedächtnis zu rufen, und sehen Sie diese nicht als Bedrohung, sondern als eine Art Chance, die Sie für neue Perspektiven nutzen können. Üben Sie diesen Prozess erfolgreich, so wird es Ihnen stets gelingen, in jeder Niederlage, in jedem Schicksalsschlag und in jedem Ende auch etwas Neues und eben eine neue Perspektive zu entdecken. Man könnte es einen Neuanfang nennen. Diesen Neuanfang formuliert Hermann Hesse in seinem Gedicht „Stufen", welches Sie sich immer wieder ins Gedächtnis rufen können, besonders eindrücklich:

„Es muss das Herz bei jedem Lebensrufe
Bereit zum Abschied sein und Neubeginne,
Um sich in Tapferkeit und ohne Trauern
In andre, neue Bindungen zu geben.
Und jedem Anfang wohnt ein Zauber inne,
Der uns beschützt und der uns hilft, zu leben.
Es wird vielleicht auch noch die Todesstunde
Uns neuen Räumen jung entgegen senden,
Des Lebens Ruf an uns wird niemals enden,
Wohlan denn, Herz, nimm Abschied und gesunde!"

ABSTAND ZU PROBLEMEN

In der nächsten Übung geht es nicht darum, seine eigenen Herausforderungen zu leugnen oder Problemen aus dem Weg zu gehen, sondern vielmehr darum, sie aus der Distanz und objektiv zu betrachten, um leichter mit ihnen umgehen zu können. Die Philosophie der Stoa sieht auch dies als Übung, die alltäglich durchgeführt werden kann, da man eigentlich tagtäglich mit Herausforderungen und Problemen konfrontiert wird. Laut dem Stoizismus muss man zur objektiven Betrachtung eine Art

Vogelperspektive einnehmen, welche eine gewisse Distanz zwischen Ihren Problemen und Ihnen selbst schafft. Hierbei wird sogar noch etwas weiter gedacht und von einer noch weiteren und höheren Perspektive gesprochen, welche es Ihnen ermöglicht, kosmische Zusammenhänge des Problems zu erkennen. Aus diesem Blickwinkel sehen Sie also, wie Ihre persönliche Herausforderung mit allem anderen in Ihrem Leben verknüpft ist und mit anderen Menschen oder Dingen zusammenhängt.

Versuchen Sie, für diese Übung regelrecht aus sich herauszutreten und immer weitere Kreise um sich zu ziehen. Damit betrachten Sie Ihre Umgebung aus immer weiteren Abständen und erkennen immer weitere Zusammenhänge. Dafür ist eine Visualisierung sehr hilfreich.

Findet Ihr Problem oder Ihre Herausforderung beispielsweise gerade in Ihrem Zimmer statt, so können Sie aus sich herausgehen und nach Verbindungen in Ihrem Zimmer suchen. Im weiteren Verlauf zoomen Sie quasi weiter hinaus und suchen Verbindungen, welche mit dem gesamten Haus zusammenhängen, und weiter auch mit der Stadt, in der Sie leben, dem Land und am Ende mit dem Planeten und dem gesamten Kosmos. Somit erhalten Sie eine Art Gesamtansicht auf Ihr persönliches Problem und vielleicht gelingt es Ihnen dabei, das Festklammern an trivialen Dingen zu beenden, da Sie sehen, wie diese Welt zusammenhängt. Das Ziel des Ganzen ist schließlich, sich über Dinge und Umstände weniger oder gar nicht aufzuregen, was durch die Hinausbewegung Ihres Geistes über das Gewöhnliche und Banale gelingen kann.

Diese Übung der Einnahme des Abstands von Problemen hat darüber hinaus noch einen weiteren Aspekt. In diesem Prozess sollten Sie zum Nachdenken angeregt werden. Zum Nachdenken über das gesamte Universum, die Welt und wie Sie existieren. Bedenken Sie dabei, dass Sie nur ein winziger Teil des großen Ganzen sind, und reflektieren Sie über die größeren Zusammenhänge, aus der die Welt und damit auch Sie bestehen.

Sie sind ein Teil eines enormen und natürlichen Entwicklungsprozesses und mit dieser Denkweise und Lebensphilosophie können Sie einen großen Teil Ihrer individuellen Probleme und Herausforderungen relativieren. Aus persönlicher Sicht erscheinen diese vielleicht sehr groß, doch in einer weiten Perspektive können solche Probleme sehr klein und nichtig erscheinen, was Sie in Ihrem Leben wieder zuversichtlich leben lässt.

Auch dazu äußert sich Mark Aurel in seinen Schriften: „Viele unnötige Anlässe zu Deiner Beunruhigung, die nur auf Deiner falschen Vorstellung beruhen, kannst Du aus dem Weg schaffen und Dir selbst unverzüglich einen weiten Spielraum eröffnen; umfasse nur mit Deinem Geiste das ganze Weltall, betrachte die ewige Dauer und dann wieder die rasche Verwandlung jedes einzelnen Gegenstandes; welch kurzer Zeitraum liegt zwischen der Entstehung und Auflösung der Geschöpfe; wie unermesslich ist die Zeit, die ihrer Entstehung voran ging, wie unendlich gleicherweise die Zeit, die ihrer Auflösung folgen wird.“

DIE FOLGEN IHRES HANDELNS

Viele physikalische Gesetzmäßigkeiten gründen auf der Theorie der „Actio ist gleich Reactio“. Dies bedeutet, dass immer, wenn etwas ausgeführt wird oder etwas geschieht, auch eine Reaktion darauf geschehen wird, egal, in welcher Weise oder in welchem Ausdruck. Auch die Philosophie der Stoa richtet sich nach diesem Grundsatz und sagt, dass jede Handlung eines Menschen eine Reaktion hervorruft und Folgen hat und wenn sie auch noch so gering sind.

Im Stoizismus werden die Menschen – wie in manch anderen Weltanschauungen – nicht als grundsätzlich böse betrachtet. Vielmehr ist ein Mensch ein Lebewesen auf Erden, das in einer Gesellschaft lebt, sozialisiert ist und immer die Möglichkeit hat, die alles beherrschende

Vernunft, die Weisheit und Tugend zu erlangen. Ein Mensch kann also gar nicht böse sein, jedoch können Taten und Handlungen durch Menschen erfolgen, welche als böse empfunden werden und es auch sind. Diese bösen Taten werden von Menschen nach dem Stoizismus stets unwissend ausgeführt und somit will kein Mensch etwas tatsächlich Böses. So lehrt es die Stoa.

Darüber kann sicherlich viel diskutiert werden und zu einem eindeutig richtigen Ergebnis wird man wohl nicht kommen können, jedoch ist das, was wir aus dieser Aussage ziehen können, in der nächsten Übung verankert. Es geht also nicht darum, zu analysieren, woher eine böse Tat kommt, sondern vielmehr darum, welche Folgen das Handeln von Menschen haben kann. Immer dann, wenn ein Mensch nicht nach der Vernunft handelt, also ohne Weisheit, aber mit Unwissenheit, so ist es eine böse Tat und hat negative Folgen.

Dieses Ereignis kann natürlich bei jedem Menschen auftreten und oft beobachten wir dieses auch lediglich bei anderen. Jedoch ist es viel wichtiger, sich mit diesem Wissen selbst zu hinterfragen und zu beobachten. Sie sollten also wirklich jeden Moment damit rechnen, dass jede Ihrer Handlungen ohne Vernunft durchgeführt werden kann und dies aus verschiedenen Gründen. Ein wichtiger Grund hierfür sind natürlich die Emotionen, welche Sie zu unvernünftigen Taten geleiten. Doch auch, wenn Sie keine Emotionen zeigen und praktisch kaltblütig handeln, heißt das noch lange nicht, dass die Tat vernünftig oder mit Weisheit durchgeführt wurde. Daher sollten Sie sich stets im Benutzen Ihres Verstandes üben, gerade bevor Sie gewisse Handlungen durchführen. Seien Sie einmal ehrlich zu sich selbst: Auch Ihnen ist es sicherlich schon häufig passiert, dass Sie eine Ihrer Taten, Aussagen oder Handlungen bereuen und gerne rückgängig gemacht hätten, weil Sie die Folge dessen nicht gesehen haben oder auch nicht daran gedacht haben. Diese Situation können Sie jedoch mit ein bisschen Übung umgehen.

Versuchen Sie, Ihre Unwissenheit – die Stoa betitelt es sogar manchmal als Dummheit – zu reduzieren, und fangen Sie bei wichtigen Entscheidungen an. Hier können Sie vor einer Handlung oder eben dieser Entscheidung in sich gehen und sie sorgsam überdenken und durchleuchten.

Leben Sie nach der Philosophie der Stoa, bedeutet das für Sie nun jedoch nicht, dass Sie in Ihrem Leben nie wieder spontan oder unbedacht sein können, doch für die wichtigen und großen Entscheidungen in Ihrem Leben empfiehlt es sich definitiv, das nicht zu sein. Denn dann bietet es sich an, in sich zu gehen und das Handeln und vor allem die Folgen dessen gründlichst zu bedenken, um eigene Werte zu analysieren und im Einklang mit diesen zu leben.

Da diese Übung meist als Selbstverständlichkeit betrachtet wird – gerade im Kreise von erfahrenen Praktikern der Stoa –, sollte sie dennoch nicht vernachlässigt werden, da sie gerade im Umgang mit Mitmenschen und einer gesamten Gesellschaft enorm weiterhelfen kann. Deshalb sollten Sie sie auch stets trainieren und immer wieder Entscheidungen zum Anlass einer kleinen Übung werden lassen.

SELBSTBEHERRSCHUNG

Die Selbstbeherrschung ist mit Sicherheit eine der populärsten Eigenschaften der Philosophie der Stoa und baut ein wenig auf der Vorübung, die Folgen seiner Handlungen zu bedenken, auf. Sich in Selbstbeherrschung zu üben, fasst enorm viele Aspekte der Stoa auf und versucht, diese zugänglicher zu machen. Gerade zu Beginn kann diese Übung sehr schwer fallen, da man sie meist zu den Zeiten und Momenten am dringendsten benötigt, wenn sie am schwersten umsetzbar ist. Zu oft ist es auch Ihnen sicher schon passiert, dass Sie Dinge gesagt oder Taten ausgeführt haben, welche Sie im Nachhinein bereut haben. Wie Sie bestimmt schon bemerkt haben, gehört Selbstbeherrschung auch zu den großen Tugenden des Stoizismus und hat darin eine besondere Funktion. Im Großen und Ganzen dient die Selbstbeherrschung nicht für Ihre eigenen Zwecke in einem Moment, sondern vielmehr als Voraussetzung, um die Möglichkeit zu haben, tugendhaft und vernünftig zu handeln. Dies, so kann man sicher sagen, ist das Wichtigste im Leben der stoischen Philosophie. Selbstbeherrschung sollte also niemals Selbstzweck sein.

Mark Aurel sagt zu dieser großen Tugend: „Wenn die Kraft der Umstände deine Gelassenheit stört, verlier keine Zeit damit, deine Selbstbeherrschung wiederherzustellen und bleib nicht länger verstimmt als nötig. Wenn du es dir zur Gewohnheit machst, zur Harmonie zurückzukehren, so wirst du dies immer besser meistern".

Diese Worte lassen bereits erahnen, dass Herausforderungen für die Selbstbeherrschung oft von außen kommen, aber eben nicht nur. Natürlich können es nervige Fragen von Arbeitskollegen, üble Anfeindungen oder Beleidigungen sein, die von außen kommen und unsere Selbstbeherrschung fordern, jedoch existieren auch innere Verlangen, mit denen wir selbst zurechtkommen müssen. Hier sind als Beispiele Heißhunger, Begehrlichkeiten oder Sucht zu nennen. Wenn Sie vermehrt durch innere Herausforderungen von Ihrer Selbstbeherrschung abweichen, so ist das nicht unüblich. Kein Mensch ist mit Selbstbeherrschung geboren und man kann nicht sagen, dass man sie hat oder eben nicht hat, deshalb ist es wichtig, sie sich anzutrainieren und immer wieder daran zu feilen. Man kann lediglich beobachten, dass unterschiedliche Menschen auch mit unterschiedlichen Emotionsmöglichkeiten und damit Temperamenten ausgestattet und erzogen sind, jedoch ist das kein Punkt, warum ein Mensch nicht dazu in der Lage wäre, Selbstbeherrschung an den Tag zu legen. Mit einem gewissen Maß an Übung ist auch das stärkste Temperament zu zügeln.

Um diese Selbstbeherrschung zu erreichen, müssen Sie sie zunächst als wichtigen Bestandteil auf Ihrem Weg zum Glück und zur Gelassenheit erkennen und würdigen. Dies stellt dann eine wichtige Grundlage für die weiteren Trainingsschritte dar und kann Ihnen helfen, sich dauerhaft zu beherrschen und dadurch vernünftig zu verhalten. In der allgemeinen Psychologie spricht man hierbei von der sogenannten Impulskontrolle, weswegen Sie sehen, dass es auch hierfür wissenschaftliche Fakten und Belege gibt, welche eine Selbstbeherrschung beschreiben.

Es wird Sie überraschen, aber das Training für diese Tugend ist es, schlichtweg nichts zu tun. Das bedeutet, dass Sie sich bei einer Provokation einfach nichts tuend geben, aber auch ein zweites Stück Kuchen nicht verzehren, wenn Sie eigentlich schon satt sind, es jedoch aufgrund des Geschmacks wollen. Natürlich müssen Sie nicht auf jede Freude des Lebens verzichten, solche Kleinigkeiten eignen sich jedoch perfekt, um sich in Selbstbeherrschung zu üben und diese eventuell in ernsteren und brenzlicheren Situationen erneut anzuwenden. Versuchen Sie dabei, sich selbst zu beobachten und in diesen Situationen besser kennen zu lernen. Erkennen Sie auch Ihre Impulsauslöser und fühlen Sie, wie es Ihnen in den jeweiligen Situationen ergeht. Nur so können Sie erfahren, welche Warnzeichen existieren und was genau Sie das eine oder andere Mal reizt, und nur so können Sie dagegen ankämpfen und sich selbst beherrschen.

Wie gesagt – beginnen Sie mit kleinen Gewohnheiten und steigern Sie sich nach und nach.

Fazit

Sie haben über die vergangenen Seiten hinweg vieles über den Stoizismus erfahren und sind jetzt um eine Erfahrung reifer. Ob Sie die Tugenden in Ihrem Leben einbauen und umsetzen können, bleibt nun Ihnen überlassen. Auch wenn es manchmal hart erscheint, wird Ihnen am Ende die Gelassenheit und Glückseligkeit bleiben. Sie haben nicht nur von den wichtigen Fähigkeiten eines Stoikers erfahren, sondern auch Übungen dazu, geschichtliche Hintergründe und Grundbegriffe. All diese Themen sind wichtig, um sich auf eine neue Reise zu begeben und neue Tore zu einer atemberaubenden Lebensphilosophie aufzustoßen.

Die Schule und die Lehren der Stoa bieten Ihnen darüber hinaus auch ein gewisses Handwerkzeug und einen Kompass zur Gestaltung Ihres Lebens. Somit dient der Stoizismus nicht als schlichtes Regelwerk, sondern zur Erreichung einer Lebenseinstellung samt der Erlangung einer Gesinnung. Zumindest vorrangig werden Sie hier nicht durch Einhalten von Lehrsätzen oder Vorschriften vorankommen, vielmehr lehrt die Stoa, wie man ein Menschenleben am besten leben könnte.

Dieses Vorgehen beanspruchen auch viele Religionen für sich, jedoch geht es der Stoa nicht um eine Glaubensüberzeugung, sondern eher um das Einüben der Kultivierung einer Geisteshaltung. Dabei ist es unwichtig, Argumente für die Richtigkeit dieser Lehre zu finden. Ein bedeutendes Element auf diesem Weg ist das Einnehmen eines Perspektivwechsels, um über die jeweilige Situation aus verschiedenen Blickwinkeln nachdenken zu können. Nur so können Sie in der Lage sein, alle Dinge der Welt in einem anderen Licht zu sehen.

Auch in der Lebensgestaltung wird Ihnen der Stoizismus ein wichtiges Handwerk bleiben, wenn Sie die Grundsätze beachten. Da die Stoa ein Menschenleben als Marmorblock sieht und wir diesen formen müssen, möchte Sie uns gewisse Werkzeuge an die Hand geben. Auch wenn in den vielen Jahrhunderten stets eine Theorie gelehrt wurde, war die Philosophie der Stoa stets auf eine praktische Umsetzung bemüht und auch nur deshalb gegründet und entwickelt worden. Deshalb sollten Sie sich in regelmäßigem Training üben, um den Umgang mit dem Material zu erlernen und auf Dauer gekonnt anwenden zu können. Nur so können Sie Ihre zukünftigen Herausforderungen und Konflikte erfahren und mit äußerster Gelassenheit bewältigen. Um dies möglich zu machen, müssen Sie sich auf die Stoa einlassen und Ihren persönlichen Weg beschreiten, mit allen Steinen, die auf diesem liegen, denn der Stoizismus lehrt keine endgültige Lebensform, sondern vielmehr ein ständiges Üben und Trainieren in Lebenssituationen.

Dennoch lässt die Stoa einen dabei nicht allein und dient auch gleichermaßen als Kompass in einem jeden Leben. Denn das, wonach Menschen in ihrem Leben suchen, ist meistens der Sinn und dieser kann nur mit einer Lebensphilosophie gefunden werden und erst dann kann Fortschritt entstehen. Für diese Suche nach dem Sinn bietet die Philosophie der Stoa einen geeigneten Kompass, welcher in eine Richtung weist. Um sie zu verstehen, benötigen Sie keine Anleitung oder Ausbildung, lediglich ein paar Fakten und Erkenntnisse sind zu Beginn wichtig und die haben Sie mit diesem Buch definitiv ausreichend erhalten.

Nun liegt es an Ihnen, den Weg weiterzugehen und die Stoa zu Ihrer Lebensphilosophie zu machen. Dies gelingt, indem Sie in Ihrem Alltag üben, trainieren und jede Situation dafür nutzen. Wollen Sie dabei am Anfang nicht zu viel, denn es braucht einige Zeit und einige Übung, um den Kompass sozusagen richtig lesen zu können. Dafür benötigen Sie keinen Lotsen oder Führer, wie es beispielsweise in den meisten Religionen und anderen Philosophien der Fall ist, Sie brauchen nur sich und das Leben um Sie herum. Kommen Sie aus der Bahn oder machen Sie

Rückschritte, ist das nicht weiter schlimm, denn der Kompass des Stoizismus wird Sie wieder und wieder auf die rechte Bahn bringen und Sie Ihr Leben weiter gelingen lassen.

Der Weg ist also das Ziel und die Philosophie der Stoa ist als Kompass Ihr wichtigstes Utensil, um die Möglichkeit zu finden, ein erfülltes, gelassenes und glückliches Leben zu führen. Nehmen Sie dabei jeden Stein als Fortschritt hin und beginnen Sie mit Ihrem neuen Leben. Denn auch heute kann ein moderner Stoizismus dazu dienen, in einem schnelllebigen Zeitalter und einer global vernetzten Welt zurechtzukommen. Versuchen Sie es!

Literaturverzeichnis

- http://www.aphilia.de/philosophie-stoa-02-glueck.html
- https://www.m-vg.de/mediafiles/Inhaltsverzeichnis/9783959722704.pdf
- Wilhelm Gemoll: Griechisch-Deutsches Schul- und Handwörterbuch, Freytag/Hölder-Pichler-Tempsky, München/Wien 1965.
- Friederike Rese: Praxis und Logos bei Aristoteles: Handlung, Vernunft und Rede in Nikomachischer Ethik, Rhetorik und Politik. Mohr Siebeck, Tübingen 2003
- http://www.philosophie-der-stoa.de/philosophie-stoa-ataraxia-logos.php
- https://www.latein-unterrichten.de/fileadmin/content/unterrichtseinheiten/seneca/philosophie/Die_stoische_Philosophie-X14.pdf
- https://www.stoiker.net/2016/11/tugenden-der-stoa-exzellenz-des-charakters/
- https://imperium-romnum.info/wiki/index.php?title=Stoa#:~:text=Die%20Stoa%20wird%20%C3%A4hnlich%20dem,das%20Zentrum%20einer%20jeden%20Philosophie.
- https://www.stoa-heute.de/lese-raum/geschichte-der-stoa/
- https://www.stoiker.net/2016/11/tugenden-der-stoa-exzellenz-des-charakters/
- https://de.wikipedia.org/wiki/Adiaphora
- https://de.wikihow.com/Stoisch-sein
- https://www.wiwo.de/erfolg/trends/stoische-philosophie-als-lebenshilfe-sein-eigenes-eigentum-werden/13967532-2.html
- https://www.ahead-nutrition.com/blogs/produktivitaet/stoizismus-lebens-philosophie
- https://hitech-campus.de/persoenlichkeit/stoizismus-fuer-die-karriere/
- https://incipesapereaude.wordpress.com/2014/03/10/die-stoa-dharma-des-westens/
- https://www.grin.com/document/323426
- http://www.philosophie-der-stoa.de/philosophie-christliche-stoa.php
- https://www.stoa-heute.de/bereit-fuer-die-stoa/die-groessten-missverstaendnisse-ueber-stoiker/

- https://www.stoa-heute.de/lese-raum/geschichte-der-stoa/
- https://www.stoiker.net/2016/10/so-wirst-du-tugendhafter-eine-stoische-produktivitaets-routine-infografik/
- https://drandreasruss.wordpress.com/2017/08/03/memento-mori-erinnere-dich-daran-dass-du-sterben-wirst-oder-nutze-bewusst-deine-zeit/
- https://www.stoiker.net/2016/09/kontrolle-was-steht-in-unserer-macht/
- https://www.muellermathias.ch/single-post/amor-fati-der-wert-der-katastrophe
- https://de.wikipedia.org/wiki/Apatheia#:~:text=Vollkommene%20Apatheia%20galt%20als%20Kennzeichen,sich%20st%C3%A4ndig%20die%20Wogen%20brechen
- https://kompetenzatlas.fh-wien.ac.at/?page_id=594
- https://karrierebibel.de/selbstbeherrschung/
- https://karrierebibel.de/innere-ruhe/#:~:text=H%C3%A4ufig%20wird%20innere%20Ruhe%20aber,notwendige%20Ruhe%20finden%20zu%20k%C3%B6nnen.
- https://in-cogito.de/besser-mit-stress-umgehen/?pk_campaign=InCogito%20Artikel%20Neu&pk_kwd=Besser%20mit%20Stress%20umgehen&gclid=Cj0KCQjw1a6EBhC0ARIsAOiTkrGhXEKVE-yN1Wi8Rc0AN-FTxYwRv08793k5RBd8hRu1yDPqc68yjEo4aAlCuEALw_wcB
- https://www.wlodarek.de/radikale-akzeptanz-realitaet-annehmen/

Wir danken Ihnen für Ihr Interesse und Ihr Vertrauen. Als Dankeschön dafür, haben wir eine besondere Überraschung. Wir haben einen **ultimativen Leitfaden für mehr geistige Ausgelassenheit** für Sie. Und dieses erhalten Sie vollkommen kostenlos. Das klingt wunderbar? Dann warten Sie nicht lange und holen Sie sich Ihr Gratis-Geschenk.

Hier geht es zu Ihrem Gratis-Geschenk:

https://forms.gle/PuK66CCEnbDQDhf1A

1. **Öffnen Sie die Kamera-App auf Ihrem Smartphone und richten Sie die Kamera auf den QR-Code.**
2. **Klicken Sie auf den Link, der Ihnen angezeigt wird und schon werden Sie zur Website weitergeleitet.**

Impressum

Herausgeber: Pegoa Global Media GmbH / Am Sandtorkai 27 / 20457 Hamburg
Kontakt: kontakt@pegoamedia.de
Coverbild: Shutterstock

Haftungsausschluss:
Die Nutzung dieses Buches und die Umsetzung der enthaltenen Informationen, Anleitungen und Strategien erfolgt auf eigenes Risiko. Der Autor kann für etwaige Schäden jeglicher Art aus keinem Rechtsgrund eine Haftung übernehmen. Haftungsansprüche gegen den Autor für Schäden materieller oder ideeller Art, die durch die Nutzung oder Nichtnutzung der Informationen bzw. durch die Nutzung fehlerhafter und/oder unvollständiger Informationen verursacht wurden, sind grundsätzlich ausgeschlossen. Rechts- und Schadenersatzansprüche sind daher ausgeschlossen. Dieses Werk wurde sorgfältig erarbeitet und niedergeschrieben. Der Autor übernimmt jedoch keinerlei Gewähr für die Aktualität, Vollständigkeit und Qualität der Informationen. Druckfehler und Falschinformationen können nicht vollständig ausgeschlossen werden. Es kann keine juristische Verantwortung sowie Haftung in irgendeiner Form für fehlerhafte Angaben vom Autor übernommen werden. Die bereitgestellten Analysen, Vorschläge, Ideen, Meinungen, Kommentare und Texte sind ausschließlich zur Information bestimmt und können ein individuelles Beratungsgespräch nicht ersetzen. Alle Informationen dieses Buches entsprechen dem Kenntnisstand zum Zeitpunkt des Verfassens dieses Buches. Eine Haftung für mittelbare und unmittelbare Folgen aus den Informationen dieses Buches ist somit ausgeschlossen.
Informieren Sie sich weitläufig aus unterschiedlichen Quellen und bedenken Sie, dass am Ende nur Sie für die Entscheidungen verantwortlich sind.

Haftung für externe Links:
Unser Angebot enthält Links zu externen Websites Dritter, auf deren Inhalte wir keinen Einfluss haben. Deshalb können wir für diese fremden Inhalte auch keine Gewähr übernehmen. Für die Inhalte der verlinkten Seiten ist stets der jeweilige Anbieter oder Betreiber der Seiten verantwortlich. Die verlinkten Seiten wurden zum Zeitpunkt der Verlinkung auf mögliche Rechtsverstöße überprüft. Rechtswidrige Inhalte waren zum Zeit-punkt der Verlinkung nicht erkennbar.

WirmachenDruck.de
Sie sparen, wir drucken!